特別支援教育サポートBOOKS

発達障害のある子の学びを深める

教材・教具・ICTの教室活用アイデア

金森 克浩・梅田 真理・坂井 聡・富永 大悟 著

明治図書

はじめに

　発達障害のある子どもたちの学びを支える上では，丁寧な教え方や分かりやすい授業をすることは大切なことです。ところが，それだけではなかなか学びにつながらない子どもたちがいます。そういった子どもたちへは，これまでの教科書とノートだけでなく，様々な教材や教具を使った指導の工夫が必要です。その中でも最近注目されてきているのが ICT（情報通信技術）と呼ばれるものです。ICT 機器を活用することで，読みや書きに苦手さを持つ子どもたちが学びに参加できるようになった事例も増えてきています。

　また，ICT 機器のような高度なものだけでなく，鉛筆を持ちやすくして，字を書くことを支援する補助具のようなものもあります。これらのことを支援機器，支援技術（AT：アシスティブ・テクノロジー）と呼んだりします。

　こういった支援機器をちょっと用いることで，子どもたちの学びはぐっと深まります。障害者差別解消法やインクルーシブ教育システムなど，世の中が大きく変わってくる中で，文部科学省でも積極的にそういった機器を活用して個々の子どもたちをサポートすることを推奨しています。

　そこで，小中高等学校の先生方が苦手さのある子どもの指導をするにあたって，どのような機器やグッズをどのように指導の中で取り入れたらよいのか，基本的な考え方について，分かりやすく理解するための本をつくりました。

　「困った子ども」ではなく「子どもたちは困っている」と考えてみてください。先生も苦手さのある子どもを目の前にしてどう支援してあげられるか…と「困っている」でしょうか。本書を参考に，先生のそんな「困っている」ことが少しでも解決すれば何よりです。

2019年10月

著者を代表して　金森克浩

もくじ

はじめに　3

第1章
発達障害のある子どもの困難さを理解しよう

1 発達障害のある子とは　8
2 読み書きの困難　13
3 落ち着いて学ぶことへの困難　17
4 コミュニケーションに困難がある子どもを理解する　19

第2章
学習上の困難さを支援しよう

■ 学習上の困難とは　22

話す・聞く
1 考えを整理して話すのが苦手　26
2 指示が最後まで聞けない　30
3 聞いたことを忘れてしまう　34

読む・書く
4 逐次読みになり，教科書の音読が苦手　38
5 筆圧が強くひらがなや漢字を書くのが苦手　42
6 作文や日記が書けず，白紙で提出してしまう　46

計算
7 いつも1から順番に数え「5，10，15…」と数えることが苦手　50

8　九九が覚えられない　52

9　繰り上がり，繰り下がりが苦手　54

10　筆算が苦手　58

不器用さ・体の動き

11　指先を使った細かな動作が苦手　62

12　コンパスなど道具を上手に使えない　66

13　疲れてすぐに姿勢が崩れてしまう　70

第3章
コミュニケーションの困難さを支援しよう

コミュニケーションの困難とは　76

1　クラスメイトとトラブルになる　78

2　要求が苦手　82

3　音声言語によるやり取りが苦手　86

4　感情表現が苦手　90

5　問題行動で表現してしまう　94

6　会話が一方的になってしまう　98

7　声の大きさが調整できない　102

8　同じことを繰り返し尋ねてくる　106

9　距離感を調節することが苦手　110

10　指示待ちになっている　114

もくじ　5

第4章
どの子にもやさしい教室の中の ICT 活用

1 学びを支える ICT の可能性　120
2 教師が ICT 機器を「使いこなす」ポイント　122
3 視覚支援に最適「電子黒板」「プロジェクター」　126
4 もっと使おう「実物投影機」　130
5 音声読み上げ等メリットいっぱい「デジタル図書」　134
6 法整備でこれからに期待の「デジタル教科書」　137
7 授業記録に役立つ「デジカメ」「IC レコーダー」　142
8 書くことの困難を軽減できる「ワープロ」　146
9 思考の整理ができる「マッピングソフト」　150
10 コミュニケーションを支援する「アプリ」　154
11 算数・数学の困難を支える「電卓」「ソフト」　158

おわりに　163

第 **1** 章
発達障害のある子どもの困難さを
理解しよう

「がんばりたいのにうまくがんばれない。」
「がんばっているつもりでも，ついつい失敗してしまう。」
「がんばっていても，他の子みたいに成果が出にくい。」……
子どもたちが感じている困難さについて知り，その困難さをどうしたら補うことができるのかを一緒に考えましょう。

1 発達障害のある子とは

　ここでは，発達障害の中心となる３つの障害について，その特性と学習面でつまずきやすい部分について簡単に解説します。特に，広汎性発達障害とADHD の特性は混同されやすく，誤って理解されていることもあります。また，発達障害のある子どもすべてが知的な遅れを伴うわけではありません。知的障害との関係も整理しておきましょう。

　なお，ここで示す分類は発達障害者支援法（平成17年）に基づいています。また，我が国では，2019年現在 WHO による国際疾病分類 ICD-10を使用していますので，障害名は ICD-10に準拠しています。

▶ 広汎性発達障害（高機能自閉症，アスペルガー症候群等）

　広汎性発達障害は自閉症を含む広義な分類です。言葉の遅れ，対人関係の問題，興味関心の偏りという３つの特徴が３歳以前に現れます。このうち知的障害を伴わないものを「高機能」と呼びます。また，知的障害がなく言葉の遅れのないタイプが「アスペルガー症候群」です。

　広汎性発達障害については，言葉の理解や対人関係の問題から，生活面の問題に目が行きがちですが，実は学習上の問題も多くあります。以下に主なものを示します。

❶ 言葉の意味理解の困難

　私たちは同じ言葉でも，状況によって違う意味で使うことがあります。「あと少し」といっても，具体的にはかなり幅があります。このような曖昧な言葉については，状況に応じて意味を理解することが難しい場合が多くあ

ります。慣用句や比喩的な表現も状況に応じて使いますから，その状況が理解できないと言葉そのものの理解も難しい場合が多いです。また，感情を表す言葉については，同じ言葉を使っていても感じている内容が異なる場合もあります。特に人によって違う，個人差のような使い方もあり，理解が難しいです。また，うれしいという感情が昂じて泣くというような「うれし泣き」などは，なかなか理解できないかもしれません。

❷ 注意の問題

　興味関心の偏りがあると，自分の興味があることには集中しますが，興味のないことには注意が向かない場合も多くあります。自分の興味のあることに集中しすぎて，他のことに注意が向かないということもありますし，頭の中で違うことを考えていて（ぼーっとしているように見えることもあります）話を聞き取れないということもあります。

❸ 興味関心の偏り

　注意の問題とも重なりますが，そもそも自分の興味のないことには「いやだ」と言って取り組もうとしない場合もあります。自分の思いが中心になってしまい，取り組む意味や意義が理解できないことも多いので，なぜ取り組むのかを説明する必要があるでしょう。

❹ こだわり

　一度覚えたことや覚えたやり方にこだわり，変更が難しいという場合もあります。学習が進む中で新たな手立てを学び，新しいやり方を取り入れるというようなことがよくあります。このような際に，今までのやり方や自分なりのやり方に固執してしまうことがあります。

第1章　発達障害のある子どもの困難さを理解しよう　9

❺ 推測することの困難さ

　言葉の意味理解と重なる部分もありますが，今目の前にないことを想像したり，今後起きるかもしれない状況を推測したりすることに困難さがあります。つまり，見えていること，経験したこと等は理解できても，目に見えないもの，人の感情やその場の雰囲気，物語の中で述べられているような状況は，知的な能力が高くても理解が困難な場合が多くあります。そのため，柔軟な対応や相手の様子に応じた対応は難しく，決まり切った対応，型どおりの対応になることが多いです。

　私たちは，常に周囲の様子を見ながらそれに合わせて態度を変化させています。そのような中にいると，周囲から浮いている「とても変わった人」に見えてしまうこともよくあります。しかし，彼ら自身も「何だかよく分からないけれど，周囲から冷たい目で見られていて，戸惑っている」かもしれません。広汎性発達障害のある子どもたちが，そのような状況に陥りやすいことをよく理解しておくことが大切です。

▶ 学習障害（LD）

　学習障害は，文部科学省の定義（1999）でも示されているように，「聞く」「話す」「読む」「書く」「計算する」「推論する」の特定の領域に困難があるものを指します。また，ICD-10では，「聞く」「話す」は「会話及び言語の特異的発達障害」に分類され，学習障害は主に「読む」「書く」「計算する」に関する「学力の特異的発達障害」に分類されています。

　学習障害のある子どもは，当然学習につまずきがありますが，小学校入学後の早い段階では子どもたち全体が学習の初歩の段階であるため，どの子どもがつまずいているかを見つけることは難しい場合が多いです。小学校3年生くらいになると，学習内容も複雑になってきますので，その頃にようやく，読み書きにつまずきがあって学習が進まない，他の子どもとの差が大きい，などと気づかれることが多いようです。しかし，早い時期の気づきができな

いわけではありません。もちろん個人差はありますが，入学後1～2か月経っても，文字に興味を示さない，読むことと書くことの身に付くスピードが違う，話すことは問題ないのに本読みがスムーズにできないなど，子どもの様子をよく見ることで「あれ？」と思う部分を見つけることができます。

また，学年が進めば学習内容は増えますから，差も大きくなってくるはずです。本人の努力不足と決めつけず，どうして困難さが増しているのか，なぜなかなかできるようにならないのか，子どもの様子をよく見ることが大切です。

学習障害のある子どもは，他の障害が重なっていなければ，対人関係や行動上の問題はありません。友だちとの関係もよく，授業にはまじめに参加しているのに学力が伸びないという状況は，本人の努力不足と思われがちです。「いつ」「どんなときに」「どんなことに困難があるのか」を，よく見ていくことが必要です。

▶ 注意欠陥／多動性障害（ADHD）

注意欠陥／多動性障害（ADHD）は，「年齢あるいは発達に不釣り合いな注意力，及び／又は衝動性，多動性を特徴とする行動の障害で，社会的な活動や学業の機能に支障をきたすものである。また，7歳以前に現れ，その状態が継続し，中枢神経系に何らかの要因による機能不全があると推定される。」（文部科学省，2003）と定義されています。また，ICD-10では，「多動性障害」に分類されています。

ADHD には，不注意が優勢なタイプと，多動と衝動性が優勢なタイプ，または両方が混在しているタイプがあります。

小さな頃はじっとしていることが少ないですから，不注意が目立つことは少なく，多くはよく動き回る，じっとしていない，すぐ迷子になるなどが目につく場合が多いでしょう。小学校に入ってもこれは同じで，授業中に着席していられない，気になることがあるとすぐにやらなければ気がすまない，

第1章　発達障害のある子どもの困難さを理解しよう　11

思いついたらすぐしゃべってしまうなどが目立ちます。このように，多動と衝動性が優勢なタイプは比較的早くに気がつくことが多く，何らかの対応が取られている場合が多いでしょう。

　しかし，不注意が優勢なタイプは，着席はしているけれどぼーっとしている，集中力が続かず話を最後まで聞けない，話しかけられているのに気づかない，学習などを順序立てて行うことが難しいなど，本人は困っているけれど，周りからはそそっかしい，忘れっぽいなどの性格のように受け止められてしまい，気づかれにくいことが特徴です。また，このタイプのお子さんは，学習の情報が入りにくかったり，集中して取り組むことができなかったりするため，学習の定着が難しい場合もあります。そのことに早く気づき，なぜ集中が続かないのかについて，子どもの状況をよく見ることが大切です。

　多動と衝動性が優勢なタイプでも不注意が優勢なタイプでも，どちらも失敗をしがちですから，叱られてしまうことも多いです。叱られ続けることで，自信をなくしてしまわないよう，早期の気づきが重要です。

（梅田真理）

② 読み書きの困難

発達障害のある子どもは学習をする上でどんな困難を抱えているのでしょうか。それぞれの障害によって特徴は様々ですが，学習で示す困難は共通する部分もあります。ここからは，学習上の困難さに焦点を当てて考えていきたいと思います。

▶ 読むことの困難さ

子どもたちの中には，文字の読みに困難さがある場合があります。ひらがながなかなか習得できない，文字の形と音が結びつきにくいなど，文字の習得が困難な場合や，一文字一文字は読めるが，単語や文章を流暢に読めないという場合があります。また，漢字の習得に困難がある場合もあります。これらは，記憶や認知の問題，または文字を音に変換するといった情報を処理する過程の問題，視力に問題はないが目で見て捉える機能に問題があるといった場合など，様々な能力が複雑に絡み合って起きています。以下に関係する主な能力を挙げてみます。

❶ 音韻認識

私たちは，単語を見て意味を理解すると同時に「音」としても理解しています。例えば「りんご」は３つの音で構成されていて，最初の音は「り」，真ん中の音は「ん」，最後の音は「ご」です。このような意識を音韻認識と呼びます。４～５歳頃にこのような意識を持ち始めるといわれています。ちょうどしりとり遊びをし始める年頃ですね。読み書きの力がついてくると，「音」については特別に意識しなくても文字を読んだり書いたりできるよう

第1章 発達障害のある子どもの困難さを理解しよう　13

になるためあまり意識しませんが，実は大切な力です。

❷ ワーキングメモリー

記憶には，長い期間覚えるものと短い間覚えておくものがありますが，これ以外に作業や学習を行う際に使う，ワーキングメモリーというものがあります（下の図）。これは作業中などに一時的に覚えておくというもので，例えば筆算の繰り上がりのときに，繰り上がる数を「ちょっと覚えておく」際にも使っています。実は，この「ちょっと覚えておく」という機能は，学習活動の中でとてもたくさん使われています。また，この機能は，視覚的な情報の処理，聴覚的な情報の処理のどちらも含みますので，読み書きには大きな影響があります。

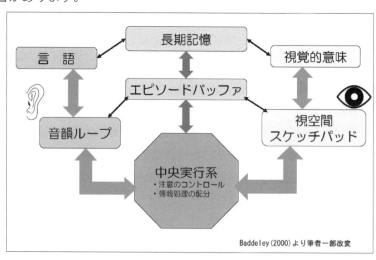

ワーキングメモリーの概念図

❸ 文字を音に変換すること

私たちが文字を読む際には，「文字という記号を音に変える」という作業を行っています。もちろん読む速さには個人差はありますが，極端に遅い子どももいます。そのような場合，何度練習しても逐次読み（流暢に読めず，

一文字ずつ読む，など）になってしまう場合もあります。

❹ 視覚認知

　視力に特に問題はなくても，ものの形を見て捉えることが難しい場合があります。線などの重なりや立体の奥行き，斜めなど角度があるものなどが正しく捉えられない等の場合です。特に文字は線の重なりが多く，また曲線や点などもあり捉えにくいことが多いです。また，全体的にはよく似ているのに，細部だけ違う文字（「ま」と「よ」，「は」と「ほ」など）もあり，区別をつけることが難しい場合もあります。

　このように「読む」ことには，多くの能力が関係しています。それぞれの能力のどこかに困難があることもありますし，ある能力が伸びにくいという場合もあります。読むことにつまずきがあるかもしれないと気づいたら，まずは子どもの音読の様子をよく見ることです。
　一方で，「読む」ことには内容の理解，つまり「読解」も含まれます。これについても，私たちは音読すると同時に内容の理解もしてしまえるため，「できて当たり前」と考えがちです。しかし，先ほど挙げた「ワーキングメモリー」などの記憶の問題がある場合は，読んだ内容を覚えておくことが難しいのですから，あらすじのように内容全体をまとめて理解することが難しいです。さらに，「文字を音に変換すること」などに問題があれば，音に変換する作業だけで精一杯で，意味まで捉えることができない場合もあります。「読解」をさせたいのであれば，読み聞かせて理解させてもいいのですから，「音読」とは分けて考えることも必要です。

▶ 書くことの困難さ

　書くことに困難がある場合は，小さな頃に絵を描かなかった，クレヨンなどに興味を示さなかったなどという場合もあります。入学してからは，ひら

がなを覚えて書けないという，文字の習得レベルの困難さのある場合や，覚えているが文字の形が整わない，漢字が覚えられないなどという困難がある場合もあります。

　書くことには，「読むことの困難さ」で挙げた❶～❹の力も当然関係します。単語を書く場合には当然読んでいるのですから，「❶音韻認識」や「❷ワーキングメモリー」なども使っています。また，「❸文字を音に変換すること」については，書く場合には「音を文字に変換する」作業をしているわけですから，同じように処理するスピードが問題になります。聞いたことを書いたり，自分の考えを書いたりする場合，なかなか文字を思い出せない子どもなどもいます。「❹視覚認知」は，文字の形の崩れやバランスの悪さなどにあらわれることが多くあります。また，ひらがなを書き間違う，漢字を覚えられない等と関係する場合もあります。

　もう一つ，「書く」際に関係する力があります。それは，目で見て手を動かすことです。書くことには，手指の運動能力も関係しますから，不器用な子どもの場合はもちろん困難が生じる場合も多いです。しかし，極端に不器用でもないのに書くことに困難がある場合もありますから，ノートをよく見ておく，子どもの描く絵なども併せて見ておくことも必要でしょう。目と手がチームワークよく動くか，また両方の目の動きがうまく連動するかなども書くことには影響するのです。

▶ 注意しておきたいこと

　読み書きの困難を考えるとき，注意しておきたいのは，読み書きには，「注意・集中する」ことが前提となることです。従って，多動や衝動性の高い子ども，不注意な子どもも読み書きにつまずくことが多くあります。「読み書きの困難＝学習障害」ではない場合もあることも心にとめておきましょう。

（梅田真理）

16

3 落ち着いて学ぶことへの困難

「落ち着いて学ぶことが困難」とはどういう場合を指すのでしょうか。

①注意・集中することができない
②注意・集中が続かない
③すぐ動いてしまう
④注意がそれやすい
⑤ぼーっとしていて，注意が定まらない

　これらは，注意を向けたり物事に集中して取り組んだりする力に困難がある場合が多いですが，その他にこんな場合も考えられます。

⑥好きなことに集中しすぎて，やらなければならないことができない
⑦場面を考えずに，自分のやりたいことをやってしまう

　こちらは，自分の思いが中心になってしまい，周囲の状況に合わせることが難しい場合です。「落ち着いて」という言葉の中にはいろいろな場合が含まれているのです。

　注意する力，集中する力は，学習のいろんな場面で必要とされます。学習レディネスの一つともいえるでしょう。小学校に入学して，まず要求されることは45分間座っていることです。①～③のある子どもは，この最初の課題につまずきます。また，④～⑦のある子どもは，座っていても話を聞いていないことがよくあるでしょう。⑥⑦のある子どもは，一見指示を聞かない，無視しているように見えるかもしれません。

第1章　発達障害のある子どもの困難さを理解しよう　**17**

このような場合，今起きていることだけを捉えて「じっとしていなさい」「ちゃんと話を聞いて」などと叱るのではなく，子どもの様子をよく見てどのくらいなら座っていられるのか，どんな内容の話なら聞くことができるのかを把握することが大切です。子ども自身も，どうして自分が動いてしまうのか，落ち着いていられないのかが分かっておらず，困っているのかもしれません。何から始めればよいかを考えることが，とても大切です。

（梅田真理）

4 コミュニケーションに困難がある子どもを理解する

　コミュニケーションは言葉によるもの以外に，視線や仕草，表情などによるものも多く使われており，それらを使う際には，状況を判断する力，状況に合わせようとする柔軟さも必要とされます。つまりコミュニケーションには，以下のような様々な力が必要となるのです。

---

①言葉が理解できる，言葉が使える

②場面や状況を理解できる

③場面や状況に応じた言葉の使い分けができる

④相手の状態を見て心情を理解することができる

---

　①の言葉の理解は大前提ですが，言葉が理解できていても②〜④ができなければ，適切なやり取りはできません。特に場面や状況は様々な捉え方が可能で，私たちはおおむね同じような捉え方をしているため「暗黙の了解」「暗黙のルール」が成り立ちますが，これらは明確に示されたものではありません。子どもたちの中には，想像することに困難のある子どもがおり，彼らは，明確に示されないことの理解がとても難しいのです。このような子どもの存在を理解し，彼らの考え方を理解しようとすることが大切です。「普通はこうだ」と押し切るのではなく，少数派の子どものものの捉え方を理解しようとすることが重要なのです。

　一方，注意や集中に困難のある子どもも適切なコミュニケーションが取れない場合があります。こちらは，注意・集中の困難が課題ですから，支援の仕方が違います。まずは子どもの様子をよく見るところから始めましょう。

第1章　発達障害のある子どもの困難さを理解しよう　19

【参考文献】

＊ Baddeley,A.D.(2000). The episodic buffer: a new component of working memory? *Trends in cognitive sciences, 4, 417-423*

＊「発達障害者支援法」2005

＊融道男ほか監訳『ICD-10　精神および行動の障害　臨床記述と診断ガイドライン　新訂版』医学書院．2005

（梅田真理）

第2章
学習上の困難さを支援しよう

私たちが何気なく行っている，「話す」「聞く」「読む」「書く」「計算する」「想像して考える（推論する）」「注意・集中する」「作業する」などの活動は，実はいろいろな機能や能力を使っています。
どこかにつまずきがあり，スムーズな活動ができない子どもたち，それが発達障害のある子どもたちです。背景要因とともに支援を考えましょう。

学習上の困難とは

▶ 子どもの「あれ？」「どうして？」に気づく

　子どもたちは毎日学校へ元気に登校していますか。子どもたちは学校へ何をしに来るのでしょうか。友だちと遊ぶため？先生と話すため？いえいえ，子どもたちは学校へ「勉強をしに」来ているのです。

　子どもたちは，自分たちが勉強をしに来ていることをちゃんと分かっています。ですから，授業中に分からないことがあったり失敗したりすると意欲をなくしがちで「学校へ行きたくない」などと言うことがあるのです。「勉強を分かりたい」「勉強ができるようになりたい」というのは，どの子どもにも共通した願いだと思います。

　しかし，学校で学ぶ内容は「学年」という発達段階に合わせてありますから，大きな枠組みになっています。もちろん，それぞれの発達段階で身につけて欲しい内容が示されていますが，子どもたちの発達はみんな同じではありません。一人一人の顔や性格が違うように，身体や「認知特性」も違います。発達障害のある子どもの実態把握では，この「認知特性」が重要なポイントとなります。ここでその「認知特性」について，簡単に説明します。

情報を獲得する		情報を統合する 知覚・注意・記憶・思考		行動・発信する
入力				出力

認知機能の模式図（鳥居2009より筆者作成）

まず，「認知」とは，主に目や耳から得た情報を脳へ入力し，脳内でいろいろな情報を統合し，言葉を話したり動作をしたりする形で出力するといった一連の情報処理の中で，「見たり聞いたり（知覚や注意），覚えたり（記憶），考えたり（思考）といった人間の脳内で働く総合的な知的活動を指す」（鳥居．2009）とされています。この機能は，左の図に示したような流れとなりますが，「入力」「統合」のそれぞれの働きには当然個人差があり，言葉を話したり文字を書いたりするような「出力」段階の活動にも差があります。このような認知機能の個々の違いが「認知特性」です。

　定型発達の子どもたちにももちろん多少の差はありますが，発達障害のある子どもたちには生まれつき「脳の機能障害」があり，それによって認知特性にも凹凸があるのです。この凹凸に気づくことが重要です。子どもたちが学習の際に，考え込んだり立ち止まったりしていないか，書き写しが進まず困っていないか，気をつけて見てください。「あれ？」「どうして？」と思う，そこが支援の始まりです。

▶ 子どもを視点をもって観察しよう

　気づいたら次に何をするのか，それはつまずいている状況をよく観察し，何にどのようにつまずいているのか情報を収集することです。学習には様々な活動がありますが，2章の項目に挙げたような「話す」「聞く」「読む」「書く」「計算」などが一つのチェックポイントになります。どうも，スムーズに学習が進まない，いつも進度が遅れるなどということがある場合は，この項目毎に様子を見てみることも一つの方法です。

　また，今回挙げた中で「体の動き」に関する項目があります。1章では触れませんでしたが，発達障害の中には「発達性協調運動障害」といわれるものがあり，不器用さや運動のぎこちなさを特徴とします。特に見たように手を動かす，手と足を一緒に動かすなど協調運動に困難を示すことが多いことが特徴です。この障害は，他の発達障害（広汎性発達障害，ADHD，LDな

第2章　学習上の困難さを支援しよう　23

ど）と併存する（重なる）ことが多いことも特徴です。

　子どもの様子を観察し，「話す」「聞く」「読む」「書く」「計算する」「不器用・体の動きのぎこちなさ」などについて気づくことがあった場合，さらに次のことについてよく観察してください。簡単に「読む」とまとめていますが，実は「読む」ためにはたくさんの力を使っているのです。例えば，子どもたちは「読む」ことのどこでつまずいているのでしょうか。

表　読むために必要な力とそれらを使って行う「読む」活動

＊読むために使う力　→　　その力を使って行うこと
①文字と音を結びつける力→文字を見て流暢に音読する
②文字を音や意味のまとまりで区切る力→区切る場所を意識して読む
③単語などを記憶する力→意味のまとまりで区切って読む
　　　　　　　　読んだ文章の意味が分かる
④文字を追って見る力→文字や行を飛ばすことなくスムーズに読む
⑤注意力・集中力→文末まで正しく読む

表　書くために必要な力とそれらを使って行う「書く」活動

＊書くために使う力　→　　その力を使って行うこと
①文字と音を結びつける力→頭に浮かんだ言葉を文字として書く
②単語などを記憶する力→意味のまとまりで区切って覚えて書く
　　　　　　　　書く文章の意味が分かる
③文字の形や構成を捉える力→文字の形を整えて書く，文字を正しく書く
④目で見たところに手を動かして書く力→スムーズに書く（書き写す）
⑤注意力・集中力→最後（細部）まで正しく書く

　表には「読む（書く）ために必要な力とそれらを使って行う『読む（書く）』活動」についてまとめてみました。これは代表的なものですが，１章

で挙げた「音韻認識」や「ワーキングメモリー」などと関係しますので，つまずきの様子を見るときには1章も参考にしてください。

　私たちはこれらをほとんど考えることなく自動的に行えてしまっているため，あまり意識をしていません。ですから，「読む」ことにつまずいていると気づいたら，「読むことのどこにつまずいているか」について観察してください。これは，特別に難しいことではありません。子どもが読む様子をよく見て，どんな風に読んでいるかを把握しましょう。一文字ずつ指でたどって読んでいる，言葉の区切りではないところで区切って読んでしまう（「しろい／いぬ」白い犬→「しろ／いいぬ」シロい（い）犬，など），読んでいるのに意味がつかめていない，など様々な状態があるはずです。それらを把握することで，どう支援したらよいかがとても考えやすくなります。

▶ 学習に必須の「注意力・集中力」

　さて，ここまで「学習の困難に気づく」ということについて，子どもがどこにつまずいているかに気づくこと，またどんな風につまずいているか，その状態について把握すること，という2点について述べてきました。

　最後にもう一つ，気をつけていただきたいことがあります。表をよく見てください。どちらも5番目に「注意力・集中力」があります。実は学習には，注意力・集中力は必須です。読むことや書くことなど，どれをとっても文字に注意を向け，集中して活動に取り組むことが要求されます。途中で注意・集中が切れてしまえば，問題を投げ出してしまうことや答えを誤ることにつながります。また，落ち着いて座っていることが困難であれば問題に取り組むこと自体ができません。

　学習の困難には「注意力・集中力」も大きく関わり，その対応は，個別の支援のみでなく，落ち着いて学べる教室づくり，学級集団づくりなどの学級全体への支援，学級経営も含まれるのです。

【参考文献】鳥居深雪『脳からわかる発達障害』中央法規，2009　　　　　　　　（梅田真理）

――――――――――――――― 話す・聞く ―――――――――――――――

 考えを整理して話すのが苦手

▶ ここが苦手！

　Aさん（小学校2年生）は上手に出来事を伝えることができません。あるときケガをして帰ってくることがありました。学校での出来事を母親が聞くと，遊んでいてケガをしたことは分かりました。遊んでいたのが放課後だったのか，お昼休みだったのかの区別ができず，母親が気になったことを一つずつ，誰と遊んだのか，何をして遊んでいたのか，いつケガをしたのか，など質問を繰り返し，「放課後に友だちと遊び，家に帰る途中でつまずいて転んだ」ということをやっと理解することができました。

▶ なぜ苦手？

　考えをまとめ，整理して話すことができないのは，次のような原因が考えられます。

- ・他者視点をもつ難しさ
- ・衝動性抑制の困難
- ・語の想起の難しさ，語彙の少なさ，語用の難しさ　　　など

　聞き手が分かるように話をするためには，話す内容を整理して伝える必要があります。内容を整理することとは，他者が何を聞きたいのか，何を知りたいのかという点に気づくことが重要です。そのためには，他者の視点に立ち考えることが必要になります。広汎性発達障害の子どもの中には，他者の視点に立つのが難しく，自己視点のみで会話を続ける子どもがいます。このような子どもには，立場を交換する遊びなどを通して視点の違いに気づかせる必要があります。

　一方で，衝動性の高い子どもは，話す内容を整理することなく思いつくままに話を続けたり，話題の途中で別の話題に移ってしまったりと，聞き手の理解が追いつかない話し方をすることがあります。

　どちらの子どもとも異なり，語の想起が難しく，なかなか言葉の出てこない子どもがいます。また，活用語彙が少ないこともあります。例えば，週末に何をしていたのか話をするのに，「お父さんと妹，（無言），遠くの公園で遊んだ」と思いついた単語がいくつか出てくるだけで，聞き手が内容を想像するしかないことがあります。

▶ 支援のアイデア

❶ 見本を使って話をさせよう

　話を順序立てられないために，語彙力があり，語の想起に難しさがない子どもでも，文脈が分からない話をしたり，口をつぐむ子どもがいます。このようなときは，場面に合わせた話し方の見本を見ながら，話をすると順序立てた話をすることができます。慣れてくると穴埋めなど自分で言葉を当ては

第2章　学習上の困難さを支援しよう　27

めるために空欄にしておき，空欄を埋める言葉を考えさせた上で，話をさせるとよいでしょう。ラミネートしたカードを用いると，ホワイトボード用のペンで空欄を自由に書き換えることができます。

❷ 箇条書きで整理させよう

　状況を言葉にできるときは，箇条書きを用いて整理させるとよいでしょう。付箋を使うことで，並べ替えが容易になります。また，付け加えたい内容も容易に加えることができます。さらに，話題ごとにまとめるために，大きな付箋や色画用紙に貼り付けることで，話題ごとの時間軸や変化の経緯を説明しやすい順番に並べ替えることができます。このように，話題を整理させるためには，話したい内容を小さな枠と大きな枠を使うことで構造化し，内容を整理させることが効果的です。

❸ 話を整理する時間を待とう

　話し方は分かっているが，整理に時間がかかるために，会話のテンポが遅れてしまう子どもがいます。質問を投げかけずに待つことで，話す内容を整理することに集中でき，分かりやすく伝えることができます。

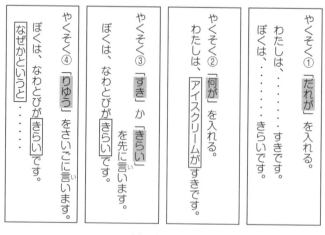

話し方カード

❹ 足りない言葉は，質問しよう

　語の想起や活用語彙が少ない子どもは，話したいことを言葉にすることが難しく，単語や単文の発話が多くなりがちです。特に，会話の中で答えが限定されないときは，何を話してよいか分からなくなり，混乱することがあります。このような子どもへは，「どう思うか？」といったオープン・クエスチョンによる質問ではなく，「はい・いいえ」や「教室・廊下・校庭」など答えが限られるクローズド・クエスチョンを用いることが効果的です。

クローズド・クエスチョン	オープン・クエスチョン
「今日は，休み時間に友だちと遊んだ？」 「今日の給食はなにがでた？」	「今日は，学校どうだった？」

クローズド・クエスチョンとオープン・クエスチョンの質問例

▶ 支援を考える上でのプラスアルファ

　考えをまとめ，整理して話すことは，非常に高度な認知能力が必要になります。日常生活の中では，聞き手の働きかけが話し手の整理に有効的なことがあります。例えば，大人でも曖昧な理解であることが分かっているが，どの部分が曖昧なのか気づかず，思考が整理されていないことがあります。そのようなときに，整理されていない状態で話をすることがあるかと思います。しばらく話をしているうちに，自身が整理できなかった考えが徐々にまとまってくることに気づくと思います。

　子どもだから，考えをまとめ，整理して話す必要があるということは，ありません。子どもだからこそ，聞き手が様々な促しや支援を与えながら，考えをまとめ，整理する経験を積み上げることがとても重要です。ながら聞きではなく，話を聞く時間を取ることが最も大切な支援と言えるでしょう。

（富永大悟）

第2章　学習上の困難さを支援しよう　29

―――――――――――― 話す・聞く ――――――――――――

指示が最後まで聞けない

▶ ここが苦手！

　Aさん（小学校4年生）は先生の指示を最後まで聞かずに，よく注意されています。登校して教室に入ると，ランドセルを机の上に置いて友だちとおしゃべりを始めてしまい，先生が教室に入ってきても，ランドセルは机の上にあります。昨日の3つの宿題は，ノートにすべてメモできていなかったために，宿題を最後まで終えていませんでした。今日の帰りの会の最後に，宿題ができていない子どもたちは放課後に残るように言われていましたが，Aさんは先生の指示を忘れて帰ってしまいました。

▶ なぜ苦手？

　指示を最後まで聞くことに苦手さがあるときは，次のような原因が考えられます。

- ・注意保持の困難，選択的注意の困難
- ・指示を覚えておくことの難しさ
- ・聞いて理解することの難しさ　　など

　指示を最後まで聞くためには，話を始めた相手に気づき，話している相手に注意を向け続けることが必要になります。その上で，話している内容を聞いて理解し，その内容を覚えておくことが必要になります。

　周囲の刺激に反応しやすい子どもは，話の途中であっても刺激に注意が向いてしまい，話している相手から注意がそれてしまい，話を聞き続けることが難しくなります。そのために，途中から覚えている指示が曖昧になり，指示されたことと違うことをしてしまいます。

　また，覚えておくことが難しい子どもは，一度に覚えられる指示の量が少ない傾向があります。そのため，始めの指示は覚えていますが，続きの指示を覚えることが難しく，指示された内容が混ざるために曖昧なまま覚えることになります。指示を聞いて理解することが難しい子どもは，理解できた指示は正確に覚えることができますが，理解できなかった指示は意味や意図などが曖昧なまま覚えるために，指示内容を正確に実行に移すことが難しくなります。

▶ 支援のアイデア

❶ 指示する前に，注意を向けさせよう

　指示を聞き逃さないためには，話をする前に注意を向けさせます。教室内でのいっせいへの指示の場合は，注意を向けるように全体に促しますが，注意がそれやすい子どもは，この時点で注意を向けられていないことがあります。いっせいへ指示するときも，机間巡視の機会を使い，個別に注意を向けるように促すとよいでしょう。プリントなどに指示を書いて，見ながら指示

第2章　学習上の困難さを支援しよう　31

を伝えるとよいでしょう。

　また，選択的注意の難しい子どもは，周囲の騒音が大きいときに，指示者の声だけを聞き分けながら，聞き続けることが難しいことがあります。騒音が想定されるときなどは，前もって静かなところで個別に指示を伝えるとよいでしょう。

❷ 指示は，書いて示そう

　指示を覚えることが難しいときは，口答での指示だけでなく，板書で提示する，指示を書いたプリントを配るなど，指示後に内容を確認できるようにしておくとよいでしょう。特に，複数の指示を覚えておくことが難しい子どもや，注意がそれやすい子どもには効果的です。

　指示を覚えることが難しい子どもは，ワーキングメモリーが弱い傾向があります。そのため，板書などを手元のノートに書き写す作業は，他の子どもに比べて書字に時間がかかります。板書などに書いた指示を書き取らせるときは，時間を長めに取り，書き終えたことを確認するとよいでしょう。

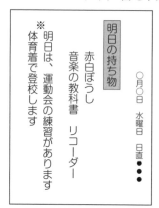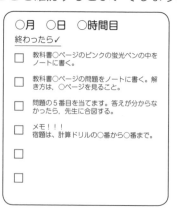

単文や箇条書きの指示

❸ 絵や写真を使って示そう

　動作やルールの指示や，言葉では伝わりづらい指示は，絵や写真を使い，

視覚的な情報を添えて指示するとよいでしょう。指示通りに行えたか確認できるように，写真などで見本を提示し，現在の状態と比較できるようにするとよいでしょう。

写真や絵による動作の指示

▶ 支援を考える上でのプラスアルファ

　指示を最後まで聞けない子どもの中には，注意欠陥／多動性障害や広汎性発達障害などの子どもたちがいます。注意保持の困難と一言で言っても，状態は様々です。私たちは，駅の構内など周囲の騒音がある中でも，話し相手の声を選んで聞くことができます。例えば，注意が途切れる理由も周囲の刺激に反応しやすく，本来とは違うものへ注意が向いてしまうこともあれば，注意を向けているようでぼーっとしていることもあります。また，こだわりが強く，別のものに注意を切り替えることができないこともあります。このように，子どもの注意を向けられない原因を把握し，それに合った支援を行ってください。

(富永大悟)

―――――――――――― 話す・聞く ――――――――――――

聞いたことを忘れてしまう

▶ ここが苦手！

　Aさん（小学校5年生）は先生の話を聞くことが苦手です。低学年の頃から友だちとのおしゃべりや先生へ説明するときなどは，手を使ったジェスチャーが多く見られました。最近は，うまく意図を伝えられなかったことや友だちの言っていることが分からないことがあり，自分から話すよりも聞き側にいることが多いようです。また，先日の理科の授業では，先生が実験の説明を一通り終え，実験が始まると何をしてよいか分からなくなり，グループの友だちに注意されていました。

▶ なぜ苦手？

　聞いたことを忘れてしまうのには，次のような原因が考えられます。

- 注意を保持する困難
- 耳から聞いた内容を覚えておく難しさ
- 言語理解の難しさ
- 推論などの思考操作の難しさ　　など

　聞いたことを覚えておくためには，耳から入ってきた内容を頭の中で一時的に覚えておき，言葉の意味を理解し，自身の経験や体験と結びつけながら内容を推論し，イメージ化することが必要です。会話など内容が少しずつ変化する状況でも，常に分析しながら覚え続ける必要があります。そのためには，語彙の理解や活用がどの程度でき，どのような経験や体験をしてきたのかが推論の核になります。例えば，理科の実験で，「ビーカーに入っている色水を丸底フラスコいっぱいに注ぎます」と口頭で説明されたときに，ビーカーや丸底フラスコが何を指しているのか知識がないと，意味の持たない言葉の羅列になってしまい，実験の状況をイメージすることができません。一方で，「Aに入っている色水をBいっぱいに注ぎます」と知らない用語を日常生活の経験で補うことができます。今回は，丸底フラスコの大きさも言及されていないために，色水の量も分からず，結果として何をどのようにするのか分からないままになってしまいます。

　私たちが話を聞くとき，言葉そのものを一言一句覚えている訳ではありません。言葉から場面や状況を推論し，経験や体験に基づいたイメージを活用しながら覚えています。昨日食べたものをすべて思い出してみると私たちがどのように関連づけて覚えているか気づくかもしれません。

▶ 支援のアイデア

　聞いた内容を理解しやすくするために次のような工夫が考えられます。

❶ 言葉や用語は，事前に説明しよう

　使い慣れない言葉や新しい用語を用いて話をするときは，話をする前に言葉や用語の説明をするとよいでしょう。言葉を覚えることが苦手な子どもへは，言葉や用語を解説したプリントを使い，事前学習を行うとよいでしょう。初めて触れる言葉や用語に戸惑うことなく，話を聞くことで話を覚えやすくなります。子どもの理解力に合わせ，プリントを見ながら話を聞かせるとよいでしょう。

❷ タイトルをつけよう

　話をするときに，「これから○○についての話をします」と一言付け加えることで，聞く側にどのような話として聞けばよいか構えをつくることができます。言葉から話の意図や過去の経験とのつながりに気づくことに時間がかかる子どもは，聞きながら関連するイメージを想起しやすくなり，話の理解が促されます。

　聞いた内容を覚えておくために下記のような工夫が考えられます。

❸ 絵や写真を使って示そう

　聞いた内容を理解することに時間がかかるときは，絵や写真を使い，視覚的な情報を加えながら話をするとよいでしょう。話をすることが苦手な子どもは，語彙の理解や活用の仕方に難しさが見られることがあります。絵と言葉の関係性に気づかせるために，学習の初めの頃は，絵や写真の横に状況を説明する言葉も合わせて提示することがよいでしょう。

❹ 自分なりのメモをさせよう

　聞いた内容を覚えておくことが苦手なときは，自分なりの覚えやすい，見直しやすいメモをさせるとよいでしょう。紙にメモするときは，どのようにメモを書くか，見本を示し写すところから始めるとよいでしょう。手順など

のメモは，全体像の理解がないままにメモを取らせると，何が必要な情報か取捨できないことがあります。メモを取る指示の仕方にも注意が必要です。

　子どもによってメモを書くことが苦手なときは，写真を撮ることや音声を録音，動画などの ICT 機器の活用も効果的です。

　そのほかに，NPO フトゥーロ LD 発達相談センターかながわ編著『ワーキングメモリーとコミュニケーションの基礎を育てる 聞きとりワークシート』（かもがわ出版）といった書籍も発売されており，参考になります。

　本書は「1　言われたことをよく聞こう編」「2　大事なところを聞きとろう編」「3　イメージして聞こう編」とシリーズで刊行されています。

▶ 支援を考える上でのプラスアルファ

　聞いたことを覚えておくためには，記憶の量や注意の問題だけではなく，語彙の理解，言葉から意味や状況を連想し，話の内容を推論する能力が必要になります。特に，聞いた内容を短時間で記憶するためには，記憶を補うイメージ化が鍵を握っています。読書などを通して，語彙を増やすことや他者の経験を知識として得ることが，イメージしやすさにつながります。

（富永大悟）

第2章　学習上の困難さを支援しよう　37

・・・・・・・・・・・・・・・・・・ 読む・書く ・・・・・・・・・・・・・・・・・・

 4 逐次読みになり，教科書の音読が苦手

▶ ここが苦手！

　Aさん（小学校3年生）は教科書を音読することが上手にできません。ひらがなを一文字ずつ指で押さえながら読むため，逐次読みになり，同級生と同じように流暢に読むことができません。また，指を離してしまうと，どこを読んでいたか分からなくなってしまいます。Aさんは音読が苦手ですが，五十音表を見ながら"あいうえお"と読むことができています。日常の生活場面では，口数が少ないですが，先生や友だちの話をよく聞いて指示や質問に答えることができています。

▶ なぜ苦手？

　文字を読むのに苦手さがあるとき，次のような原因が考えられます。

- ・眼球の動きのコントロールの難しさ
- ・音と文字を対応づける難しさ
- ・複数の文字をまとまりのある言葉として捉えることの難しさ
- ・読んでいる位置を維持することの難しさ　　など

　文字を読むためには，文字の形を理解する能力，文字と音を結びつける音韻認識の能力，複数の文字を単語として捉える能力など，複数の能力をうまく使いながら読んでいます。

　Aさんは，文字を音に変換することに苦手さが見られます。例えば，五十音表を読むときは，"あいうえお"と覚えている音のつながりを手がかりに読み上げていますが，読み方を"あかさたな"と段に変えると逐次読みになってしまいます。

　1章にも書かれているとおり，音韻認識が弱いために文字が読めないのではなく，文字の形を理解する能力が弱い子どももいます。視力など目の機能には問題がありませんが，視覚認知に著しい弱さが見られます。視覚認知の弱さは，文字だけではなく，記号や図形などでも苦手さが見られます。

▶ 支援のアイデア

❶ 文字の形を理解しよう

　文字の形を覚えることが重要になります。視覚認知に弱さが見られるときは，形を言葉にして理解を促したり，形を指でなぞったり，触るなど視覚以外の感覚情報を手がかりとする方法があります。

❷ 文字と音を素早く結びつけよう

　文字と音を結びつけるには，知っている単語と文字のつながりをつくっていきます。例えば，鉛筆の絵を見せ"えんぴつ"の"え"，同様にお箸の絵

を見せ "おはし" の "お" というように，絵と文字の関係が理解できると，音と文字を対応づけていきます。ひらがなカードを使い，聞いた音を基にカードを並べていくとよいでしょう。

❸ 文字を単語として捉えよう

　文字を単語として見ることが難しいときは，単語ごとや助詞を鉛筆などで丸く囲い，文字を単語として読むことから始めていきます。単語を読み慣れてきたら，単語と助詞を1つの丸で囲んでいきます。丸以外にも斜線を使って区切る方法もあります。

❹ スリットで読む場所をはっきりさせよう

　文章のどこを読んでいるのか，見続けるのが難しいときは，1行だけを囲うスリットを使うことで，読みやすくなります。

▶ 支援を考える上でのプラスアルファ

　目からの情報を素早く正確に得るためには，視線の動き，つまりは目の動きが重要になります。縦書きの文では，文字を追うために上下の目の動きがスムーズにでき，隣の行に進むためには，行末から行頭へと瞬時に目を動かさなければいけません。前者を追従眼球運動，後者を衝動性眼球運動と呼びます。

　眼球運動の練習は，ピンポン球や好きな人形などを使って行います。追従眼球運動は，目の前にピンポン球を見せ，ゆっくり中心から上下左右斜めに動かし頭は動かさずに目だけで見続ける練習をします。衝動性眼球運動は，上下や左右など同時に2つピンポン球を見せ，2つを交互に素早く見る練習をします。どちらも近いところから始め，徐々に遠くに離していきます。

　スムーズに目を動かせるようになることで，文字や文を読むだけでなく，板書など書きの軽減にもつながります。

ふたりはならんでこしをかけて、いろんな話をしました。

むすこはまず、おひめさまの目のことを話しました。なんでもそれはこのうえなくきれいな黒い水をたたえた、ふたつのみずうみで、うつくしいかんがえが海の人魚のようにそのなかでおよぎまわっているというのです。それから、こんどはおひめさまのひたいのことをいって、それは、このうえなくりっぱな広間と絵のある雪の山だといいました。それから、かわいらしい赤ちゃんをもってくるこうのとりのことを話しました。

そう、どれもなかなかおもしろい話でした。そこで、むすこは、おひめさまに、わたしのおよめさんになってください

「でもこんどいらっしゃるのは土曜日にしていただきます

きさきさまがここへお茶においでになるのですよ。わたしそこでトルコの神さまとごこんれいするのよといって上げたら、おふたりともずいぶん鼻をたかくなさるでしょう。でも、あなた、そのときはせいぜいおもしろいお話をしてあげてくだ

文章を読みやすくするための例
右）丸づけによる単語の区切り，中央）斜線を使った単語の区切り，
左）スリットを使った読み

（富永大悟）

― 読む・書く ―

5 筆圧が強くひらがなや漢字を書くのが苦手

▶ ここが苦手！

　Aさん（小学校3年生）は文字を書くことが苦手です。筆圧が強く，鉛筆で板書をしたノートはいつも真っ黒になります。ノートの文字は，いつもマス目からあふれ，縦書きでは左右に，横書きでは上下に蛇行しています。また，文字と文字との間が所々離れてしまい，言葉の句切りが分かりづらく，書き終わってから確認すると，何を書いているか分からないことが多く，学習に遅れが見られます。

　ひらがなは，何とか読める文字ですが，漢字は水平や垂直の線が傾いていたり，とめがなく，はらいやはねになっていたりします。また，偏とつくりが違う向きに書かれることもあります。

兄弟そろって，遠くの公園に出かける。

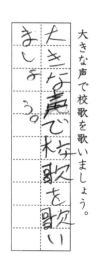

大きな声で校歌を歌いましょう。

▶ なぜ苦手？

ひらがなや漢字を書き間違えるのには，次のような原因が考えられます。

・指先や手の不器用さ　　　・運動コントロールの苦手さ

・ワーキングメモリーの弱さ　・視覚認知の弱さ

・注意の弱さ　　　など

　文字を書くことは，見た文字を正しく覚えておき，覚えた文字を正しく思い出し，思い出した文字を正しく書くという一連の流れの中で行われます。この流れの中には，線の形や位置を理解したり，見落とさないために注意し続けたり，鉛筆を上手に動かしたりと，様々な能力が含まれています。この能力のバランスが悪いだけでも，文字を書くことに苦手さが見られます。

　例えば，新出漢字の板書では，黒板に書かれた漢字を見て，線の形や位置を確認し，数画だけ覚えます。覚えたところまでをノートに書き写します。このとき，画数の多い文字を一度で書き写すことはとても難しく，視線は何度も黒板とノートを往復します。注意が弱い子どもは，一画が抜け落ちたり，隣の漢字が混ざったりすることがあります。

　1章にも書かれているとおり，不器用さがあると書くことに困難さが見られます。不器用さによる書きの困難さなのか，見極める必要があります。

▶ 支援のアイデア

❶ 手元見本を使い，しっかりと見て書けるようにしよう

　ワーキングメモリーが弱い子どもは，見たものを覚えておくことが苦手です。板書の見本を手元に置くことで，覚えておく時間が短くなり，慌てずに書き写すことができるようなります。また，画数の多い漢字でも同様に行うことで，漢字を誤って覚えることが少なくなります。

第2章　学習上の困難さを支援しよう　43

❷ 言葉にして覚えよう

　文字の形や書き順を覚えられないときは，言葉に置き換えることで覚えることができます。例えば，ひらがなの「ん」では，「すぅっと滑り台を滑って，半分まで戻ります。今度は逆向きに，滑り降りて，最後はジャンプ」と形を言葉にして覚える手がかりを増やしていきます。漢字では「親」を「立って木を見ているのは親」と言葉で覚えることができます。

漢字を文にして覚えるワークシート

❸ 文字がにじまず見やすいノートにしよう

　筆圧が強いときは，2Bに比べて薄いHBの鉛筆に変えることで，ノート全体が見やすくなります。文字が太くなるときは，シャープペンを使用することも1つの方法です。また，紙から手が浮いているときは，薄いコースターを手と紙の間に挟むことで，手を紙に触れさせておく練習になります。

　鉛筆が紙の上を滑る摩擦を手で感じることが弱いと運動コントロールが難しくなります。このようなときは，紙の裏にドットの盛り上がりがある『マ

ス目ボコボコシート』や『発達が気になる子への凹凸書字教材ドリル』（いずれも株式会社オフィスサニー）などを活用することで，書いている感覚を感じやすくなります。

『マス目ボコボコシート』はドットの大きさやマス目のサイズやリーダーの有無など様々あり子どもに合わせて選べます。

『発達が気になる子への凹凸書字教材ドリル』はシリーズで刊行されており，Ａ４横サイズで「なぞり書き」「模写」「ひらがな・数字」など様々に刊行されています。ＨＰで購入が可能です。

▶ 支援を考える上でのプラスアルファ

文字を書く苦手さの背景には，文字の形を覚えられない，指先や手の不器用さ，運動コントロールの弱さが原因であることがあります。

ひらがなやカタカナが数多く覚えられない場合や漢字の偏やつくりがバラバラになる場合は，視覚認知の弱さに起因する困難さであることがあります。「○」や「□」といった単純な記号を理解する難しさや，形の全体像を捉える難しさなどがあります。このような子どもへの支援は，教室での一斉授業だけではなく，個別の指導を合わせて行うことが重要です。

また，指先や手の不器用さは書きだけではなく，日常生活全般に関わります。紙をハサミで切る，靴紐を結ぶなど学校生活の中で書き以外の苦手さがないか日頃から様子をうかがってください。

【参考文献】
＊桂聖，永田紗戀『なぞらずにうまくなる子どものひらがな練習帳』実務教育出版
＊道村静江『読み書きが苦手な子もイキイキ　唱えて覚える漢字指導法』明治図書
＊『特別支援の漢字教材　唱えて覚える　漢字九九シート（初級・中級・上級）』Gakken

（富永大悟）

―――――――――――― 読む・書く ――――――――――――

作文や日記が書けず，白紙で提出してしまう

▶ ここが苦手！

　Aさん（小学校3年生）は文章を読んで，質問に答えることはできます。漢字の書き取りテストでは，満点を取ることもあります。しかし，作文の宿題や毎日の日記を提出することができません。日記には，時間割や持ち物などの連絡事項は，間違えずに板書することができていますが，その日の出来事は何も書かれず白紙です。作文も同様に白紙で提出されます。教室では，あまり話すことなく本を読むなど，静かに過ごしています。

▶ なぜ苦手？

　文章を書くことに苦手さがある場合，次のような原因が考えられます。

- ・状況に当てはまる言葉を思い出す難しさ
- ・相手が求めていることに気づく難しさ
- ・５Ｗ１Ｈに合わせて話を組み立てる難しさ　など

　文章を書くためには，状況に当てはまる言葉を思い出すことが必要になります。状況に関連する言葉を多く思い出すためには，言葉同士のつながりが必要になります。例えば，「運動場」と聞いて「鉄棒，ブランコ，野球ボール」など，運動場に関連する言葉を思い出すことができます。この言葉のつながりが弱い子どもは，状況に当てはまる言葉を思い出すことが難しい傾向があります。

　また，広汎性発達障害の子どもの中には，状況をうまく捉えられなかったり，状況に合わせた言葉を選ぶことが難しかったりすることもあります。

▶ 支援のアイデア

❶ 場面に合った言葉を選ぼう

　ある出来事の場面を文章にするためには，場面の中に散りばめられている言葉を見つけ出すことが必要になります。つまりは，視覚情報を言葉に置き換えることが必要になります。例えば，学校の校庭で同級生がサッカーをしていた場面からは，場所を指す「校庭」，誰を指す「同級生」，動作や状態を指す「サッカー」と，言葉にしていきます。遠足の感想を書くときなどは，その時の写真を数枚用意し，写真を見せながら考えさせると，言葉にしやすくなります。

　出来事を思い出すのが苦手な子どもでも，写真などを視覚的に提示することで，言葉を書き出しやすくなります。

❷ 見本を見ながら，当てはまる言葉をかえてみよう

　言葉を並べても，まったく文章にできない子どもがいます。そのときは，書き方を模倣することから始めていくとよいでしょう。例えば，家族それぞれが好きなものについて，文を書く課題とすると，提示する見本は「ぼくのお父さんの好きな食べ物は，カレーライスです。からい食べ物が好きだからです。」とします。次に，お母さんの好きなものについて，見本を見ながら言葉を置き換えさせて書かせることで文章にすることができます。

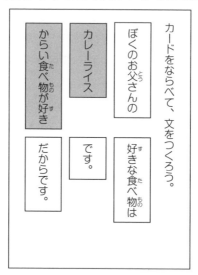

並べ替え見本カード

❸ ５Ｗ１Ｈを意識させよう

　会話に困らず，よく話をする子どもの中には，「誰が，いつ，どこで，どのように，何をした，なぜ（５Ｗ１Ｈ）」といった情報が抜け落ち，文脈が分からない文章を書く子どもがいます。まずは，５Ｗ１Ｈをカード等で提示して，対応した単文を書かせましょう。短冊に書いておくと，時系列に合わせて並び替えることができます。いきなり単文をつくるのが難しいときは，付箋などを使い単語を当てはめた後に，単文にするとよいでしょう。

p.28の方法も参考になります。

▶ 支援を考える上でのプラスアルファ

　文章を書くためには，語彙の豊富さがポイントになります。具体的には理解語彙と活用語彙の豊富さが重要になります。多くの場合，日常での会話の量や読書量に左右されると考えられます。文章を書く苦手さがある子どもの中には，理解語彙と活用語彙が相関しないケースがあります。例えば，一見すると子ども同士で楽しく会話をしながら遊んでいますが，よく観察すると話し言葉がとても少ないことがあります。しかし，国語のテストでは満点を取るなど言葉の理解には問題が見られません。このような場合，理解語彙は多いが，活用語彙が少なく，作文や日記などを書くことに苦手さが見られます。

　書きに苦手さが見られるときに，日常生活での話し方などに着目して子どもの状態を理解することも支援を行う上での手がかりになります。

（富永大悟）

第2章　学習上の困難さを支援しよう　49

---------- 計算 ----------

7 いつも1から順番に数え「5，10，15…」と数えることが苦手

▶ ここが苦手！

　Aさん（小学校2年生）は数を数えることが苦手です。数を数えるときは，いつも指を使って行います。足し算のときは，手を広げて1から順に数を言いながら指を折っていきます。そして指示された数を足すために，さらに指を折ります。例えば，片手を握って5とし，続きを考えることも苦手です。日常生活で数を数えるときも，2，4，6，8や5，10，15と数えることが苦手です。そのため，いつも1から順番に数えていくために時間がかかってしまいます。

▶ なぜ苦手？

　2，4，6と数えるのが難しいのには，次のような原因が考えられます。

・数を具体的なまとまりとして捉える難しさ
・形式的操作の難しさ　　など

数の合成・分解のためには，数字と量の関係を理解する能力が必要になります。例えば，並んだ3個のリンゴを見て，3つのリンゴを1つのまとまりとして捉え，3という数字と結びつける能力が必要になります。Aさんは，1個1個のリンゴが個別に並んでいると理解し，3つのまとまりとしてしまう難しさがあると考えられます。このように数のまとまりを捉えることが難しいと，10の中に2が5個あると理解することが難しくなります。
　さらに，数の合成・分解では3と7で10であること，2と8で10であること，この10が同じ数であることを理解することに苦手さが見られます。

▶ 支援のアイデア

○ **具体物をまとめて捉えよう**
　具体物のイラストや図を提示し，丸で囲むことで2の倍数や5の倍数で数える練習を行いましょう。実際に，目の前にある具体物を数える練習をするのもよいでしょう。

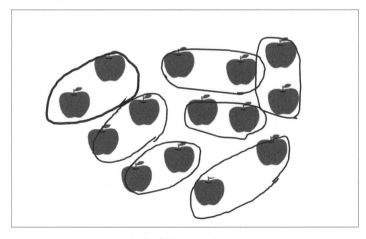

まとめて捉えるワークシート

（富永大悟）

計算

8 九九が覚えられない

▶ ここが苦手！

　Aさん（小学校4年生）は，かけ算の筆算でよく誤答が見られます。誤答を確認すると，かけ算や足し算のケアレスミスがあります。また，かけ算の間違いには，九九の6と8の段の間違いが何度も見られます。九九を確認すると，順番よく唱えることができていました。九九をランダムに出題すると，段の頭から唱え直し解答しています。九九表を見ながら確認すると，探し出すことに難しさが見られます。

▶ なぜ苦手？

　九九を覚えるのに苦手さがあるとき，次のような原因が考えられます。

・ワーキングメモリーの弱さ　　　・視覚認知の困難
・注意や衝動性の問題　　　など

九九を覚えるためには，九九を繰り返し唱えて覚えることが一般的です。九九を覚えることが苦手な子どもは，言葉で覚えることが得意でなかったり，聞いたことを一度に覚えることが苦手だったりします。

　また，不注意や衝動性が見られる子どもの中には，九九表などに注意を向けていなかったり，確認せずに繰り返したりすることで，間違えたまま覚えてしまう傾向があります。

▶ 支援のアイデア

❶ 声に出して確認させよう

　九九を覚えるためには，誤って覚えさせない必要があります。九九は声に出して唱えるときに，九九表を見て指さしをしながら，間違えて覚えないように行います。

　視覚認知の弱い子どもは，表の位置関係が曖昧になることがあります。指さしなど位置を確認させながら理解を促しましょう。

❷ 手元の九九表を使おう

　かけ算や割り算の筆算の学習において，手順の理解を優先するときなど，九九の理解を問わない場合には，手元に九九表を置き活用させるとよいでしょう。九九を思い出すことに負荷をかけないことで，手順の理解に集中させることができます。

▶ 支援を考える上でのプラスアルファ

　小学校低学年の算数の苦手さは，他の教科の苦手さにも重なります。例えば，九九の覚えづらさは，手順を覚える難しさなどに関わります。子どもがどのような理由で覚えることが苦手なのか正確に把握することで，手順の理解でつまずかないような支援を検討し準備することができます。　（富永大悟）

第2章　学習上の困難さを支援しよう　53

―――――――――――――――― 計算 ――――――――――――――――

9 繰り上がり，繰り下がりが苦手

▶ ここが苦手！

　Aさん（小学校2年生）は算数の計算が苦手です。算数ドリルの宿題は，毎日提出できていますが，計算の間違いが多く，最後まで終わっていないこともあります。算数の授業では，机の下で指を使って計算しています。筆算も二桁の足し算と一桁の引き算では，計算の誤りは少ないですが時間がかかっています。二桁の引き算になると，机の上で指を見ながら数を引いていきます。数字が大きくなると，どこまで数を引いたか分からなくなり，曖昧なまま答えを書いています。

▶ なぜ苦手？

　数の繰り上がりや繰り下がりのある計算が難しかったり，時間がかかってしまうのには，次のような原因が考えられます。

54

- 数のまとまりをつくる難しさ
- 数の合成・分解の難しさ
- ワーキングメモリーの弱さ　　など

　数の繰り上がり，繰り下がりを行うためには，一桁の数の分解を素早くできる必要があります。例えば，7＋5と繰り上がりのある計算を考えてみます。まずは繰り上がりがあるか気づく必要があります。7に3を加えると10になり，足す数の5と3を比較し繰り上がることを確認します。次に，足す数の5を2と3に分解し，7＋3＝10，残りの2を足すことで，12と答えを導くことになります（下の図）。同様に，繰り下がりも10のまとまりをつくり，引き算を行うことになります。

　数の分解時に1つだけでなく，5を1と4，2と3と複数の組み合わせでつくる能力が必要になります。また，この組み合わせを覚えておき，どの数を使うと10にすることができるのか頭の中で操作する能力も必要になります。

　もちろん，前項の数のまとまりをつくる難しさがあると，繰り上がり繰り下がりの計算にも時間がかかります。

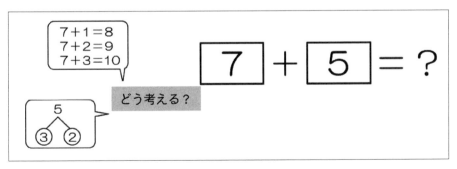

7＋5の繰り上がりの計算

▶ 支援のアイデア

❶ 数の分解を図にして理解しよう

　数の分解を素早くするためには，数字だけで考えるのではなく，具体的な操作により理解することが必要です。例えば，5の分解では紙に●を5つ描き1つと4つを丸で囲みます。同様に，描き2つと3つを丸で囲むことで，同じ数が違うまとまりになることを理解させましょう。

❷ 数の分解を練習しよう

　計算の中で数の分解を使えるようになるためには，数字を用いた数の分解が必要になります。さくらんぼ図を用いて理解を促しましょう。

❸ 忘れないように書き留めよう

　繰り上がり，繰り下がりの計算には，数の分解を書き留めましょう。計算式に数の分解を書き留めることで，繰り上がり，繰り下がりの桁の操作に集中することができます。

さくらんぼを使った繰り上がり計算

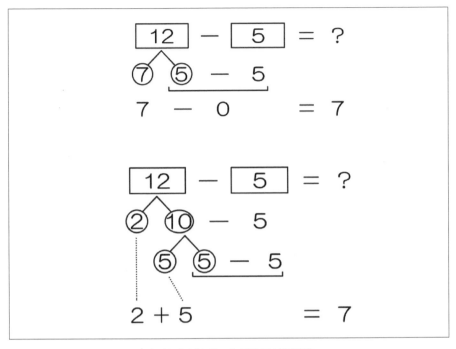

さくらんぼを使った繰り下がり計算

❹ 繰り上がり，繰り下がりのメモする場所を明示しよう

　ワーキングメモリーの弱い子どもは，繰り上がり，繰り下がりの数を計算中に忘れることがあります。計算式の横に丸をつけ，丸の中に繰り上がりの数を書かせるようにしましょう。

▶ 支援を考える上でのプラスアルファ

　繰り上がり，繰り下がりは，桁の操作が難しいと思われがちです。しかし，数の分解やワーキングメモリーの弱さ，計算手順の理解不足などさまざまな要因があります。子どもの苦手さの原因が何か正しく把握する必要があります。

(富永大悟)

第2章　学習上の困難さを支援しよう　57

---- 計算 ----

10 筆算が苦手

▶ ここが苦手！

　Aさん（小学校4年生）は算数の授業が苦手です。計算ドリルの宿題も間違えだらけです。方眼ノートを見ると，ノートの線を気にせずに自由に線が引かれ，数字もマスの中からあふれています。算数の能力は，基本的な足し算や引き算は十分理解できているようです。二桁の繰り上がりの問題は，繰り上がりの数を覚えて計算しているようで，間違えずに解答しています。ですが，三桁の繰り上がりやかけ算の筆算は，覚えておくことが難しく誤答ばかりです。

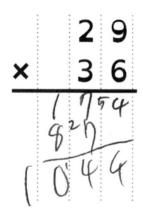

▶ なぜ苦手？

　筆算に苦手さがあるときは，次のような原因が考えられます。

- ・筆算の手順理解の難しさ
- ・桁がずれないように縦にそろえて書く難しさ
- ・繰り上がり，繰り下がりの難しさ　　など

　筆算を行うためには，筆算の手順を覚えて問題に合わせて使える必要があります。手順の理解が難しい子どもにとっては，足し算，引き算，かけ算の筆算では，同様の形でありながら計算方法が異なることで混乱することがあります。

　また，指や手の不器用さが見られる子どもや視覚認知の弱さのある子どもは，方眼ノートを用いてもうまくノートの線を使うことに難しさが見られます。

▶ 支援のアイデア

❶ 手順を手元に置いておこう

　筆算の手順を覚えておくことが難しい子どもは，教科書の説明部分を枠で囲み，問題を解くときに必ず確認するように促します。必要に応じて，付箋などを活用して理解しづらい部分を補足するのもよいでしょう。

❷ 言葉で手順を覚えよう

　手順の理解を見て覚えることが難しい子どもは，言葉にして理解を促す方法があります。例えば，割り算の覚え方として「たてる，かける，ひく，おろす」の手順の頭を取って「たかひろ」と覚えさせます。始めの頃は計算を行うときに，「割り算はたかひろ」と声かけをして思い出させます。

第2章　学習上の困難さを支援しよう　59

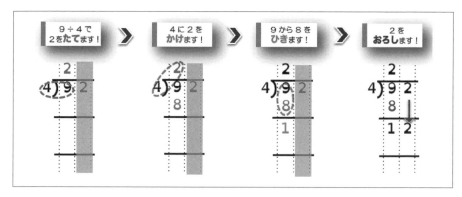

「たかひろ（割り算の筆算）」の手元見本

❸ 手順を区切って覚えよう

　手順を言葉で覚えても，なかなか使えない子どもがいます。このような子どもは，手順を区切って繰り返すことで理解を促します。割り算の筆算では，「たてる」だけを行い，理解できたところで「かける」までを行うようにしていきます。理解度に合わせて，次の手順に進めることで全体の手順を理解できるようにしましょう。

❹ マスや縦線を活用しよう

　指や手の不器用さがある子どもや視覚認知に弱さのある子どもは，筆算で桁がずれたり，数字を書く場所を誤ったりすることがあります。四角のマスの中に問題と解答を書かせる方法があります。（次頁マスを使った足し算の例の図）この方法は，答えを書く場所を明確することができます。また，計算ドリルやプリントでは，縦線を引き，桁がずれないようにする方法もあります。このような子どもには，問題を書かせるよりもプリントで渡し，ノートに貼らせて解答させる方法もあります。

説明

① 一桁目の「9と2」を足して，下のマスの中に答えを書きます。

② 繰り上がりは、一番上の小さなマスの中に書きます。

③ 二桁目を上から順に「1と1と2」を足し，下のマスの中に答えを書きます。

マスを使った足し算の例

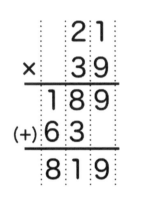

マスや縦線を使ったかけ算の例

▶ 支援を考える上でのプラスアルファ

　見本を提示するなどの支援を行う場合，机間巡視の間に，手元見本や言葉での手順理解がうまく使えているか，確認をする必要があります。子どもそれぞれにどの方法がうまくいくか，様子を見ながら支援の方法を変えていく必要があります。

(富永大悟)

―――――――――――― 不器用さ・体の動き ――――――――――――

11 指先を使った細かな動作が苦手

▶ ここが苦手！

　Aさん（小学校3年生）は，折り紙を折ることが苦手です。紙の縁をそろえることが難しく，そろえたまましっかりと折り目をつけることができません。無理矢理手のひらで押さえて折り目をつけるため，紙が動いてしまい，縁がそろわずに大きくずれてしまいます。友だちが折り紙で遊んでいても，一緒に折り紙をすることなく別の遊びをしています。

　また給食のときは，エプロンのボタンを留めることに時間がかかり友だちが手伝うことがあります。靴紐の蝶々結びもうまくできず，すぐに解けてしまい，何度も結び直しています。

▶ なぜ苦手？

　指先を使った細かな動作が難しいのは，次のような原因が考えられます。

- ・目と手の協調運動の難しさ
- ・手指の運動コントロールの難しさ
- ・手指の動きと操作イメージを一致させる難しさ　　など

　指先を使った細かな動きを行うためには，指先を繊細にコントロールする能力だけでなく，目で見ながら指の動きを調整する能力，目的に合わせた動きをつくり出す能力が必要になります。例えば，折り紙を二つ折りにするためには，机の上で両手の指先を使い紙の縁をそろえます。常に紙は動くので，その動きに合わせて指の位置を変える必要があります。次に，人差し指と中指で紙を押さえ，親指を使い折り目をつけていきます。押さえるために指先に力を入れすぎると，親指をスムーズに動かすことができず，繊細な力加減をコントロールする必要があります。また，指先で押さえて，親指で折り目をつけるという動きを理解できていないと，片方の手のひらで紙を押さえ，もう一方の手のひらで折り目をつける動きになるかもしれません。

▶ 支援のアイデア

❶ 大きな動きや色の違いで，動作を覚えよう

　指先の動きは，動作としては小さいため，大きな動作に変えることで動きの理解を促すことができます。例えば，靴紐の蝶々結びが苦手な子どもには，空箱などを使って，動きを確認することができます（次頁の図）。紐を半分ずつ異なる色にすることで，左右の紐の動きを確認しやすくなります。

❷ 分けた手順で，全体の動きを覚えよう

　ボタンを留める，紐を結ぶといった一連の動きを覚えるためには，動作を細かく分けて，1ステップずつ理解する必要があります。例えば，蝶々結びでは，左右の手に紐を持つ，紐を重ねてバッテンをつくる，紐の先を持ち替

第2章　学習上の困難さを支援しよう　63

えるなど，動きを分けて提示します。細かく分けたステップを積み重ねることで，最終的に蝶々結びができるようになります。

また，手順を写真や動画で提示するなど，視覚的に分かりやすくすることで動きの理解を促すことができます。

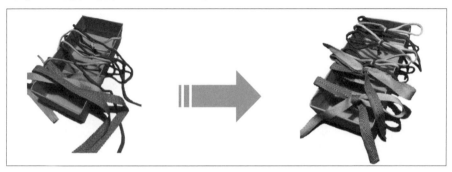

左右の色の異なる紐を使った箱での練習

① 右手に赤色、左手に黄色のひもを持ちます。		② 両手を近づけて、赤色の上に黄色を重ねて、バッテンにします。	
③ 黄色を赤色の下に持ってきます。		④ そのまま、赤色の上に持ってきます。	
⑤ 左手に赤色、右手に黄色を持って、引っぱります。		⑥ 右手の黄色を持って、ひものはしが外を向くようにわっかを作ります。	
⑦ 左手の赤色の上に、黄色のわっかを乗せます。		⑧ 黄色のわっかを赤色ではさみます。	
⑨ 赤色と黄色のわっかを引っぱると、ちょうちょむすびができあがり。			

蝶々結びの説明例

▶ 支援を考える上でのプラスアルファ

　指先の細かい動きが苦手な子どもの中には，発達性協調運動障害であることがあります。発達性協調運動障害とは，左右の手で違うことを行ったり，手と足で違う動作を行ったりと，複数の動作を一つにまとめる協調運動に困難が見られる障害です。折り紙を折るときに，左手で紙を押さえて，右手で縁をそろえるために細かな調整をすることや，お箸を上手に動かす動作が難しいことがあります。また，手や手指の運動の困難さだけではなく，体の全体を使った動きにも困難さが見られます。特に，全身を使う大きな動きの困難さは，体育の授業で運動の苦手さや動きのぎこちなさにあらわれます。例えば，縄跳びでは，縄を回す動作，飛ぶ動作を別々にできますが，縄を回しながら飛ぶ動作には難しさが見られることがあります。

　必ずしも指先の不器用さと体の動きのぎこちなさが，発達性協調運動障害であることはありません。子どもの困難さに応じて，指先の細かな動きに対する支援を行ってください。

【参考文献】
宮原資英『発達性協調運動障害：親と専門家のためのガイド』スペクトラム出版社

（富永大悟）

第2章　学習上の困難さを支援しよう　65

不器用さ・体の動き

12 コンパスなど道具を上手に使えない

▶ ここが苦手！

　Aさん（小学校4年生）は図工の時間に大きな星や円などの図形を上手につくることができません。星を描くために画用紙に定規をあてて鉛筆で線を引こうとすると，定規の上や定規から離れたところに線を引いてしまいます。まっすぐに線が引けていそうなときでも，定規が動いてしまい最後まで引くことができません。コンパスで円を描こうとすると，半円まで描けましたが，残りを描くことができません。また，ハサミで切り取るのはとても難しく，いびつな形になってしまい，線に沿って上手に切り取ることができません。

▶ なぜ苦手？

　道具を上手に使うことに苦手さがあるときは，次のような原因が考えられます。

> ・目と手の協調運動の難しさ
>
> ・手指の運動コントロールの難しさ
>
> ・視覚認知の弱さや注意の問題　　など

　道具を使うためには，頭の中でどのような動きを行うのかプランニングし，プランに沿って動きを実行する必要があります。特に道具を使うためには，体の一部から離れた動き，道具の動きと手指の動きを合わせたプランニングが必要になります。そのため，保持しているボディイメージの外にあるため，プランと実際の動きに差違が起きやすくなります。手指の運動コントロールに苦手さがある子どもは，さらに道具を使うことに苦手さが見られます。

▶ 支援のアイデア

❶ 使いやすい道具を使おう

　道具によっては，運動コントロールをサポートする機能を持つ道具があります。定規で直線を引くことが苦手な子どもは，定規が動かないように適切な強さで押さえ続けることと，鉛筆を定規に沿って動かすという２つの動きを同時にコントロールすることに苦手さがあります。このとき，滑り止めが施された定規を活用することで，鉛筆を動かすことに集中することができます。

　コンパスを動かすことが苦手な子どもは，片手で紙を押さえ，もう一方の手でコンパスの針と鉛筆の両方を紙にあてながら，親指と人差し指を動かし，さらに腕を動かすといった一連の動作をスムーズに行う必要があります。この複雑な動きの負担を軽減させる道具を使うことで，上手に円を描くことができます。

第２章　学習上の困難さを支援しよう　67

❷ 道具を工夫してみよう

　普段使っている文具などの道具に少し工夫を加えることで，使いやすくすることができます。例えば，下敷きの上の紙が滑り，書いている最中に紙がぐちゃぐちゃになってしまうときは，下敷きの一部分に滑り止めシートを貼り付けることで，紙の滑り止めになります。市販されているクリップ付き下敷きやゴムマットなどを使う方法もあります。

　また，鉛筆の持ち方が安定しない子どもに，ダブルクリップを鉛筆に取り付けて使う方法もあります。このような支援ツールのアイデアは，通級による指導を行う先生向けの書籍でもよく紹介されています。

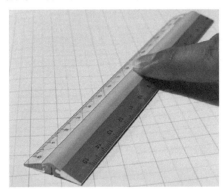

プラムネット社製「ピタットルーラー」

ソニック社製「くるんパス」

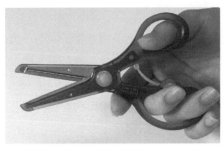

クツワ社製「安全はさみ・きっちょん」
（スプリング付き）

Slice 社製「プレシジョンカッター」

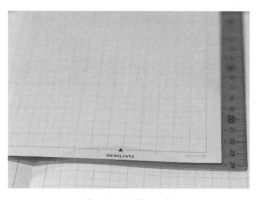

鉛筆の持ち方の例　　　　　　　　滑らない下敷きの例

▶ 支援を考える上でのプラスアルファ

　友だちと同じ道具を使うことによさもありますが，道具を使うことが苦手な子どもにとっては，できないことが比較でき自尊感情を低下させることがあります。市販の使いやすい道具を使うだけではなく，日常使っている道具に一工夫加えることで，使いやすさを変えることができます。苦手な子どもは，道具を使うときにどの動作が苦手なのかを把握することで，支援の方法やアイデアが広がります。

（富永大悟）

――― 不器用さ・体の動き ―――

13 疲れてすぐに姿勢が崩れてしまう

▶ ここが苦手！

　Aさん（小学校4年生）は姿勢が悪く，授業中話を聞くときはいつも机に肘をつき，あごをのせています。体はイスの背もたれにもたれかかるようにくっつけており，イスからずり落ちるようにして座っていることもあります。先生に「姿勢が悪いよ」と注意されると，少しはがんばって体を起こしていますが，すぐに戻ってしまいます。
　体育の授業では，サッカーなどには取り組みますが，すぐに「疲れた」と言い休んでしまいます。
　家での様子を聞くと，テレビを見るときなどはソファに寝転んで見ることが多いようです。

▶ なぜ苦手？

　姿勢を維持するためには，いろいろな力が必要です。

> ・体幹（背中やおなか）の筋力　　・腰の周囲の筋力
> ・腰の位置を定める　　・床に足の裏をしっかりつけ，体幹を支える
> ・頭を支える首の筋力　　など

　Aさんのように，瞬間的に体を動かすことはできても，何かをし続けると
いったように持続的な体の使い方が苦手な子どもがいます。このような子ど
もたちの中には，体を支える体幹の筋肉が鍛えられていないために，頭を含
めた上半身をしっかりと起こしていることができない子どもがいます。「体
幹を鍛える」といっても，子どもたちは筋肉を鍛えるトレーニングをするわ
けではありません。日常生活のいろいろな活動の中で体を使い，そのことに
よって筋肉が鍛えられ，筋力アップにつながるのです。また，姿勢の崩れに
は集中力も関係します。注意・集中が切れることで姿勢が崩れてしまう子ど
ももいます。このような場合は，注意・集中が続くような配慮が必要です。

▶ 支援のアイデア

　体幹を鍛える動きを取り入れた活動を行うことがまず考えられます。例え
ば，登り棒や雲梯（うんてい），鉄棒，滑り台，ジャングルジム，肋木（ろ
くぼく）等の遊具を使った遊びがあります。体全体を使って登り下りするよ
うな遊び，腕，体幹，足の動きを連動させるような遊びは，体幹の筋肉をよ
く使いますので，自然と鍛えられます。
　しかし，姿勢の崩れやすい子どもはそもそも体幹の筋力が弱く，そのよう
な遊びは好まないことが多いでしょう。無理矢理遊ばせるというより下記の
ように工夫していきます。

❶ お手伝いや係活動
　家庭や学校でのお手伝いや係活動の中には，体幹を使う動きを含むものが

第2章　学習上の困難さを支援しよう　71

多くあります。例えば，「買い物についていったら帰りには買った物の入った袋を持たせる」などは，腕である程度の重さの物を一定時間持つわけですから，腕や肩，体幹の筋肉が鍛えられます。また，ぞうきんがけや箒ではくことにも体幹を使います。安全への配慮をした上でのぞうきんがけ競争も楽しいかもしれません。

　また，配膳のような「お盆を持つ」ことも同様の効果があります。こちらはあまり重くはありませんが，こぼさないようにバランスを取りつつ運ぶためかなり筋肉が緊張します。

　お手伝いのよさは，筋力アップにつながる活動であっても「誰かのためにやっている」という意識で行えること，やった後でほめられたりお礼を言われたりすることです。また，係活動も最後まで取り組めばほめられることにつながります。トレーニングと意識せずに行えます。

❷ サーキットトレーニング

　学校にはいろいろな遊具があります。それを用いて体育の時間などにサーキットトレーニングを行います。鉄棒などを苦手な子どももいますが，行う活動を何種類か準備しておけば，子どもが自分の能力に合わせてメニューを選ぶこともできます。また，遊具から遊具へ移動する間に縄跳びやジャンプなどを組み込むこともできます。ジャングルジムの登り下り，滑り台など普段は使わないような遊具も組み合わせると楽しみが増すかもしれません。

　いずれにしても，自分の力に合わせて少しずつ回数を増やすなど目標を持って取り組むことを事前に学級全体に伝えるとよいでしょう。

　姿勢を保つ時間設定の工夫も行います。

　そもそも体幹の筋力が弱いために姿勢が崩れやすい子どもは，同じ姿勢でいることに「疲れ」を感じます。いずれは一定時間姿勢が保持できるようにしたいとしても，今の状態ではどの程度の時間姿勢が保てるかを観察し，姿勢を意識して活動するときと，崩れていてもよしとするときのメリハリをつ

けることが大切です。

　例えば，板書をノートに写すときには姿勢を意識するが，音読したり考えたりする際は姿勢が崩れてもいいことにする，などです。

　先に挙げたようなトレーニングも併用し，徐々に姿勢を意識する活動を増やしていくことは大切ですが，1時間ずっと意識して良い姿勢でいることは難しいのです。「そもそも体幹の筋力が弱い」ことに配慮しましょう。

　また，注意・集中の困難により姿勢が崩れる場合も，どの程度の時間集中できるかを把握し，その時間に合わせて活動を設定するとよいでしょう。集中が切れ，姿勢が崩れることを注意するより，一定時間集中して姿勢が保持できたことをほめるようにした方が効果的です。なお，設定する時間は，子どもにとって分かりやすいように，キッチンタイマーや砂時計，「タイムタイマー」（TIME TIMER 社）等で示すとよいでしょう。

▶ 支援を考える上でのプラスアルファ

　「姿勢を良くしなさい」という注意はよく聞きますが，なぜ良い姿勢が必要なのでしょうか。体がまっすぐに起きていてイスにしっかりと座れているということは，体幹が安定していて両手が使いやすいということにつながります。学習中は両手を様々に動かしています。その手が動きやすいということは，学習の基礎となる大切なことです。もちろん体が起きていることは，見ることや声を出すことにも必要なことです。腰の位置がずれてしまうために姿勢が崩れるのであれば，「Q チェアマット」（ゴム Q 社）も効果的です。

　「姿勢を良くしなさい」とただ注意するのではなく，「姿勢がいいとこんないいことがある」ということをしっかりと伝えられると，子どもたちも「だったらがんばってみようかな」と思えます。

（梅田真理）

第**3**章
コミュニケーションの困難さを支援しよう

ADHD のある子どもは不注意や多動性，衝動性があり，年齢や発達に不釣り合いな行動が多く見られます。

ASD のある子どもは言葉やジェスチャーでコミュニケーションをはかったり，相手の気持ちを察したりすることが難しいです。

そんな特徴からくる子どもの困難に気づき，それを解決するための方法を考えていきましょう。

コミュニケーションの困難とは

　ここでは，発達障害のある子どもたちが何を苦手としていて，何に困っているのかを考えることにします。この章では，発達障害のある子どもの中でも，ADHD のある子どもと ASD のある子どもを中心に考えます。

▶ ADHD のある子ども

　ADHD（注意欠陥多動性障害）の行動特徴として，不注意（集中力がない・気が散りやすい），多動性（じっとしていられない・落ち着きがない），衝動性（順番を待てない・考える前に実行してしまう）の3つがあります。この3つの行動特徴は，ADHD のある人に同じように現れるのではありません。その現れ方は一人一人違うのですが，その傾向によって，「不注意優勢型」「多動性・衝動性優勢型」「混合型」の3つのタイプに分類されています。

　ADHD のある子どもは年齢や発達に不釣り合いな行動が多く見られます。その結果，社会的な活動や学業に支障をきたすことがあるのです。社会性が未熟な小さい子どもであれば誰にでも見られる行動で，周囲の人に理解されづらく，ただの乱暴者や親のしつけができていない子と誤解を受け，その結果，自己肯定感が下がってしまうこともしばしばあると考えられます。

▶ ASD のある子ども

　ASD は，一般的に先天性の脳の発達的な偏りが原因で知的障害を持っている人も持っていない人もいます。

　言葉やジェスチャーを使ってコミュニケーションをはかったり，想像力を

働かせて相手の気持ちを察したりすることが難しいことが特徴として挙げられます。対人関係だけでなく，特定分野へのこだわりを示したり，運動機能の障害が一部見られたりすることもあります。

　相手の感情や雰囲気を察することが難しいことと，社会的ルールや暗黙の了解が難しいといったことがあるため，コミュニケーションに支障をきたしやすくなってしまいます。ストレートに正直に思ったことを発するため，悪意はないのに言葉で人を傷つけてしまったり，その結果として，相手にされなくなったりする場合もあります。

▶ 支援者が子どもを理解することから

　以上のような特徴のある子どもたちのことを理解して対応することができているでしょうか？対象となる子どもが，「何が分からなくて困っているのか」「どのようなことを理解できるようにすればよいのか」「何が分かればよいのか」これらに対応することができるようにしていくことが，教育現場に求められているのです。

　先に述べた特徴から，子どもの困難に気づき，それを解決するための方法を考えて実施する……これが重要なのです。

▶ 子どもの困っていることに気づいたら

　子どもの困っていることに気づいたら，それに対応して，生活上，学習上の困難さを改善，克服するための方法を具体的に実施していくことになります。

　あえて困難な状況をつくって，それを繰り返し経験することで学習するのを待つという無策な方法ではなく，分かるように伝えるための工夫をすることが重要なのです。このような視点で，以下読み進めていただくと，新しいアイデアも生まれてくるのではないかと考えています。

（坂井　聡）

第3章　コミュニケーションの困難さを支援しよう　77

1 クラスメイトとトラブルになる

▶ ここが苦手！

　Ａさん（小学校６年生）には発達障害があります。成績はとても良く，いろいろなことを知っています。また，とてもまじめな子どもです。普段はクラスの中でも落ち着いて過ごせているのですが，時々，クラスメイトとトラブルになります。トラブルの原因の多くは，コミュニケーションに起因することが多いようです。担任の先生からすると，もう少し相手のことを考えて言葉を使えばよいのではないかと思うこともしばしばあります。また，Ａさんとトラブルになっている子どもたちの言い分を聞くと，どうも原因はＡさんの方にあると感じてしまいます。どちらにも原因があるのではないかと考えてみようとしますが，どう考えてもＡさんの方に原因があるように感じてしまうのです。

　もちろん，指導していないわけではなく，Ａさんには，ことあるごとに話もしてみているのですが，一向に改善されないのです。周囲にいるクラスメイトからも不満が出てくることになるのではないかと心配です。保護者と連携しなければならないことも分かってはいますが，トラブルについてばかり連絡するようになるのではないかと気が引けます。トラブルの内容ばかり伝えるようになると，保護者との関係も悪くなってしまうからです。どうしたらよいのか考えれば考えるほどしんどくなってしまいます。

▶ なぜ苦手？

　発達障害のあるＡさんには，苦手なことがあるのです。それは，コミュニ

ケーションすること，集団の中でいろいろ配慮しながらふるまうこと，周囲の人の気持ちを想像すること等です。今回のことで考えると，コミュニケーションが苦手なので，トラブルになっていることが多いと考えられるのです。

　発達障害のある子どもの気質は，脳の処理の仕方からくるものです。発達障害のある人たちは，一般と言われている人たちとは違った脳の処理の仕方をしていると考えられています。そのため，子どもたち同士では，お互いが理解できるように送受信することができなくなってしまっていると考えられます。教師側も同様です。Ａさんが，担任の先生が考えているような理解の仕方をしていないために，常識から考えてＡさんの方がおかしいのではないかと思ってしまうのです。しかし，その前に解決しなければならないことがあります。それは，Ａさんと教師の間でのやり取りです。教師がコミュニケーションに困難さを感じるのは，Ａさんから伝えられていることを理解できない場合と，教師側が，Ａさんに分かるように伝えられていない場合が考えられます。

　この場合，コミュニケーション能力が優れている方が配慮しなければなりません。つまり，教師側が，Ａさんに配慮しなければ解決しないということです。Ａさんとコミュニケーションが取れる環境を整える必要があるということです。そのような環境がないことが苦手なことを顕在化させていると考えられるのです。

▶ 支援のアイデア

　子どもたち同士の場合は，お互いの気質を理解してやり取りすることは難しい場合も多いと考えられます。その場合は，大人である教師側が間に入って調整する必要があります。子どもたち同士がお互いにうまくやり取りすることができるように，調整する役割があるということです。

　このときに重要なのは，対象となる子どものコミュニケーションの実態を知ることです。コミュニケーション行動をアセスメントすることで，その子

第3章　コミュニケーションの困難さを支援しよう　79

どものコミュニケーションの実態を把握し，コミュニケーションの目標を立てることができます。実態に応じたコミュニケーションの目標を設定することができれば，教員が共通理解してコミュニケーションの指導をすることができるようになるからです。

コミュニケーション記録ノート

集計開始

子どもの名前 ○○○○

記録日 ○○○/○/○

どのような場面で（文脈）	どうした（子どもの言動）	機能				文脈			備考
		要求	注意喚起	拒否	その他	どこで	だれに	手段	
食事の場面で	お茶碗を出す	○				キッチンで	母	物	
集団指導の際に	こっちを見ながらクラスメイトをたたく		○			プレイルームで	担任	行動	
お風呂に入る場面で	物を投げる			○		家	母	行動	
朝登校時に	おはようという				○	学校	担任	音声	あいさつ
遊びの時に	手を引く	○				学校	担任	クレーン	ビデオが見たい
朝礼時に	体育館から出ていく			○		学校	担任	行動	

○ コミュニケーションサンプルを取ってみましょう

　左の表は，コミュニケーションサンプルと呼ばれているものです。この用紙にコミュニケーション行動を記録していくようにします。記載の方法はそれほど難しいものではありません。

　まず，文脈では，どのような場面でやり取りがあったのかを書いていきます。次に子どもの言動を記録します。子どもがどうしたのかということです。言葉でも行動でも構いません。そして，その行動は，要求だったのか，注意喚起だったのか，それとも拒否だったのかを記録します。その他には，あいさつや，情報請求（今日の給食はなんですか？），情報提供（今日は雨です）などが含まれます。次に，それはどこで，だれに対して，どんな手段でということを記録していきます。これらを記録することで，コミュニケーションの実態，特に表出性のコミュニケーションについての実態を知り，コミュニケーション指導の目標を設定するのです。

　コミュニケーションサンプルをエクセルで処理する方法を以下のサイトの研究資料の中で紹介しています。〈https://www.sakalab-aac.com/〉簡単にグラフにしてくれるので処理しやすくなっています。アセスメントにICTも活用しながら，目標を立てていってはどうでしょうか。

▶ 支援を考える上でのプラスアルファ

　コミュニケーションサンプルを取ると，Ａさんが何が言いたかったのかを想像することができるようになります。「こんなことが言いたかったのか」というようなことが分かるようになると，少しＡさんの気持ちも想像しながらコミュニケーションを取れるようになっていくと思います。

　相手のコミュニケーション能力はまだ十分に育っていないのです。関わる教師側が相手のコミュニケーション能力を知り，必要な支援と適切な指導をしていくことが重要なのです。そのためにも，アセスメントは重要なことだということです。

（坂井　聡）

第3章　コミュニケーションの困難さを支援しよう　81

2 要求が苦手

▶ ここが苦手！

　Aさん（小学校1年生）はASDの診断を受けています。ひらがなや漢字を見て書くことはできます。しかし，絵として認識しているようなところがあります。なので，筆順どおりきちんと書くことができません。

　物が必要なときなどに音声表出で相手にうまく伝えることができないので，勝手に相手が使っている物を持って行ってしまうことがあり，トラブルになることもしばしばです。

　コミュニケーションサンプルを取ってみると，機能として要求に分類されるものが多く，そして，手段として直接行動に分類されるものが多く記録されていました。

▶ なぜ苦手？

　ASD の診断のある子どもには苦手なことがあります。1つ目はコミュニケーションすることです。特に，音声表出を使ってやり取りすることが苦手です。2つ目は社会性に関する部分です。集団の中で，様子を見ながら適切にふるまうということが苦手です。3つ目は想像することです。相手の気持ちを想像したり，結果を想像したりすることが苦手です。

　Aさんの場合を考えると，1つ目のコミュニケーションに関する苦手さと，3つ目の想像することに関する苦手さが顕在化していると考えられます。音声でのやり取りが苦手なことと，勝手に持って行ってしまった結果どうなるか想像することができないという点が，顕在化してしまっているので，トラブルになってしまうということです。

▶ 支援のアイデア

　このような場合は，直接行動で表現するのではなく，他の方法で要求することができるようになるということが，Aさんのコミュニケーションの目標になります。

　ここで重要なのは，音声以外のコミュニケーション手段についても考えてみるということです。Aさんの場合，直接行動で表現してしまうのは，音声によるコミュニケーションが苦手であるという理由からです。「言葉で言いなさい」と言われても，うまく伝えることができないために，直接行動という手段になっているということです。それゆえ，直接行動に代わる，音声以外のコミュニケーション手段を考えることが重要になります。

　音声以外のコミュニケーションを考えたとき，最初に思いつくのは，絵カード等，視覚的な情報を利用したコミュニケーションなどが考えられます。要求などの際に，必要に応じて絵カードを使って伝えることができるようにするのです。

第3章　コミュニケーションの困難さを支援しよう　83

　子どもたちの中には，絵カードなどのシンボルをまだ理解できていない子どもたちもいるでしょう。そのような場合には，VOCAを使ったコミュニケーション指導が考えられます。VOCAというのはVoice Output Communication Aid　の頭文字の部分を取ったもので，音声を出力することができるコミュニケーションエイドのことです。簡単なスイッチ操作一つで音声の出力を可能にすることができる機器のことをVOCAというのです。

○ **VOCAを使ってみよう**
　では，ここで，VOCAを使ってどのように練習すればよいのか紹介します。絵カードを使った指導を考えるときも，導入時は同様の方法でよいので，これを参考にして導入方法を工夫してみてください。
　おやつの場面を設定して考えます。机上にはAさん用のお皿とVOCAを置きます。VOCAはワンスイッチのものでよいでしょう。タブレットの中に，コミュニケーション用のアプリが入っているものでも大丈夫です。複数のボタンがついている場合には，どのボタンを押しても同じ音声が出るように，音声を登録しておきます。指導者は，2人いるのが望ましいです。1人

は，Ａさんのコミュニケーションの相手で，お菓子を渡す役割です（Ｔ１）。もう１人は，モデルを示したり，身体的ガイダンスをしたりする役割です（Ｔ２）。Ｔ１はＡさんが好きなお菓子を持って，子どもと向かい合って座ります。お菓子は，Ａさんの手の届かないところで持つようにします。手の届くところにあると，Ａさんは，勝手に手を伸ばしてお菓子を取って食べてしまうからです。Ｔ２は，Ａさんの少し後ろに座ります（前頁イラスト参照）。VOCA には「お菓子ください」などの要求を表す言葉を登録しておきます。

　Ａさんが VOCA のボタンを押して「お菓子ください」と発信した場合には，Ｔ１が「どうぞ」と言って，お菓子をＡさんのお皿の上に置きます。このとき，いっぺんにたくさんのお菓子を置かないようにします。いっぺんにたくさんのお菓子を置いてしまったら，練習の回数が少なくなるからです。一回のおやつの時間に複数回伝える練習ができるようにと考えるのです。

　子どもが VOCA のスイッチを押せない場合は，Ｔ２が VOCA を指差すなどの援助をします。このとき，Ｔ２は話さないようにします。Ｔ１がコミュニケーションの相手だからです。また，Ｔ２がモデルを示すということも考えられます。Ｔ２もお皿を持っておいて，VOCA でお菓子を要求します。要求したときには，Ｔ２がＴ１からお菓子をもらうようにするのです。

▶ 支援を考える上でのプラスアルファ

　要求を伝えることができるかどうかは，その人の QOL（生活の質）を大きく左右します。すなわち，周囲の人に伝わる要求手段を持ち，それを使うことができるかどうかということは，その後の生活に大きく影響するということです。それゆえ音声でのコミュニケーションを苦手としている子どもの場合，その他の方法で伝えることができるようにしていくことはとても重要なのです。皆さんの関わっている子どもたちの中に，Ａさんのような子どもがいるかもしれないということを考えて，指導を見つめ直すことが重要なのかもしれません。

（坂井　聡）

第3章　コミュニケーションの困難さを支援しよう　85

3 音声言語によるやり取りが苦手

▶ ここが苦手！

　Aさん（小学校2年生）は，音声でやり取りすることができません。家ではいろいろ話をすることができるのですが，学校に来ると話ができないのです。学力は学年相当です。教科書の内容も分かっているようです。しかし，授業中に当てても返事もしませんし，音読の順番が当たっても，音読もしません。

　家では話をすることができるので，同級生が家に来たときには，同級生と話をするので，クラスの子どもたちはAさんと話しています。声を聴いたことがないのは，担任の先生だけです。担任の先生は，きっと学校でも話ができるようになるに違いないと考えて，話をさせようさせようとするのですが，声が出たことはありません。少し強く言ってしまうと目に涙を浮かべること

もあります。担任の先生は，自分が信頼されていないのではないかと考えたり，子ども自身が甘えているのではないかと考えたりしてしまいます。

▶ なぜ苦手？

　音声でのやり取りが苦手な子どもの場合，その原因はいろいろあります。知的に重い障害のある場合は，音声言語によるやり取りがうまくできない場合があります。この場合は，要求がうまくできない子どもの場合と同じ指導方法が効果的だと思います。自分から働きかけることによって，周囲が変化して自分の望みがかなうというような経験をすることが重要なのです。

　では，Ａさんのように，知的に障害のない子どもの場合で，音声でのやり取りが苦手な子どもの場合はどのようなことが考えられるでしょうか。私たちがよく学校で関わるのは，場面緘黙といわれる子どもたちではないかと思います。

　DSM-5では「選択性緘黙」という名称で記載されています。診断基準は下記に示す通りです。

Ａ．他の状況で話しているにもかかわらず，話すことが期待されている特定の社会的状況（例：学校）において，話すことが一貫してできない。

Ｂ．その障害が，学業上，職業上の成績，または対人的コミュニケーションを妨げている。

Ｃ．その障害の持続期間は，少なくとも1ヶ月（学校の最初の1ヶ月だけに限定されない）である。

Ｄ．話すことができないことは，その社会的状況で要求されている話し言葉の知識，または話すことに関する楽しさが不足していることによるものではない。

Ｅ．その障害は，コミュニケーション症（例：小児期発症流暢症，吃音症など）ではうまく説明されず，また自閉スペクトラム症，統合失調症，また

第3章　コミュニケーションの困難さを支援しよう　87

は他の精神病性障害の経過中にのみ起こるものではない。

日本精神神経学会（監修）・高橋三郎ほか訳
『DSM-5精神疾患の診断・統計マニュアル』医学書院.2014

場面によって話ができたりできなかったりする場合には，上記に示したようなことが当てはまるということです。

▶ 支援のアイデア

　必要な支援を考える上で重要なことは，音声表出にこだわらないことです。文字などを使ったコミュニケーションの方法も取り入れるという柔軟な発想を持つことが重要です。

　最も簡単なのは，筆談をすることです。Aさんと筆談でコミュニケーションするようにするのです。音声でやり取りできなくても，文字でのやり取りができる子どもたちがいるということです。

○ コミュニケーションエイドを使ってみよう

　音声以外のコミュニケーション方法を考えるとき，VOCA（p.84参照）を使う方法があります。文字が理解できているのであれば，一文字ずつ文字で綴って入力していくタイプのものがよいと思います。細かいところまで表現することができるからです。といっても，あいさつなどの言葉については，事前に登録しておいて，スイッチ操作一つで発信できるようにしておくことが重要です。簡単なスイッチ操作で登録した音声が出るようにしておくのです。

　様々なVOCAが手に入るので，事前に情報を得ておくことも大切です。また，タブレットなどの情報端末のアプリを使うことも考えられます。VOCAのアプリもいろいろ出ています。

　最も簡単な方法は，音声読み上げの機能の利用です。パソコンなどで打った文字を音声で読み上げる機能は，今持っているパソコンやスマートフォンにもついている機能です。これらを使うのも一つの方法です。

▶ 支援を考える上でのプラスアルファ

　Aさんと話をすることを考えたとき，先生も同じ方法でコミュニケーションするということも大切です。先生が楽しそうにそれを使ってコミュニケーションしている姿を見ると，Aさんも楽しくコミュニケーションしようとするのではないかと思います。そして，なによりも，どのように使ったら効果的なのかということを自分で知ることにもなると思います。担任の先生が子どものことを理解する機会ともなるのです。

（坂井　聡）

4 感情表現が苦手

▶ ここが苦手！

　Aさん（小学校6年生）は，ASDの診断を受けています。学校の成績は，算数や理科を中心にとてもよく，学年でもトップクラスです。
　このような状況からよくできていると評価されるAさんなのですが，周囲のクラスメイトとのトラブルがよく起こります。特に，周囲の雰囲気を考えずに，発言することも多いので，クラスメイトからは「もっと空気を読めよ。KY」などと言われることも多いのです。クラスメイトの話を聞いた担任の先生は，この場面で，なぜ，Aさんがそのような発言をしてしまうのかと考えてしまいます。明らかにAさんのその場での発言が，問題だと感じてしまうのです。

▶ なぜ苦手？

　AさんのようにASDのある子どもたちの中には，「KY」であるとか「空

気が読めないのは困る」などと言われて，傷ついている子どもがいます。ASD のある子どもたちは，視覚的に見える状況は理解しやすいのですが，視覚的に見えないものの場合は，理解できないことも多いのです。人の気持ちや，雰囲気，また，周囲の人がどのように感じたのかということは見えないので，A さんのように想像することができにくい ASD のある子どもたちは，周囲の雰囲気を壊してしまうことがあるのです。

▶ 支援のアイデア

A さんには ASD があるので，見えないものを想像して理解するのが苦手だということです。このように考えると，視覚化することが重要であることが分かります。視覚で理解することができるように，表現する工夫や理解できるように工夫することが重要なのです。

❶ 感情を視覚化して伝えてみよう

学校等で子どもに伝えるときに，大人は「おいしいね」，「楽しかったね」などと伝えることは多いのではないかと思います。子どもたちに意見を求め

第3章 コミュニケーションの困難さを支援しよう　91

るときにも「楽しかったですか？」，「おいしかったですか？」と聞くことはあるでしょう。しかし，よく考えてみると「楽しい」にも，「少し楽しい」「ちょっと楽しい」「とても楽しい」「すごく楽しい」などがあるのです。これらを分かりやすく伝える工夫がいるということです。

　Aさんのような子どもがいたとき，気持ちを聞く上で最も簡単な方法の一つは，数直線で聞いてみる方法です。1から5の数直線を書き，その数直線の位置で感情を表現してもらうようにするのです。数直線上で視覚化されることによって，感情表現ができるようになっていく子どももいます。

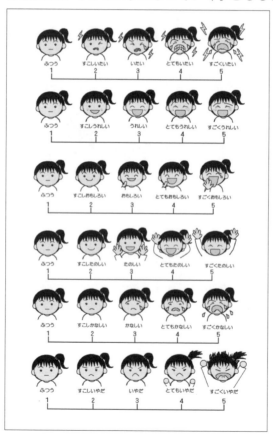

感情イラスト目盛り付き一覧（女の子）

このとき注意しなければならないのは，前向きな気分であるポジティブな感情も不快で落ち着かない気分であるネガティブな感情も，プラスの方向で示すことです。ポジティブな感情とネガティブな感情は，対極にあるものではなく，互いに独立している感情だからです。時々，暑いと寒いのように感情も対極だと考えてネガティブな感情をマイナス方向で示すことがありますが，そのように示すのは間違っています。それぞれの感情は独立しているので，ポジティブな感情もネガティブな感情も同じように表現できるようにすることが重要です。前頁の図は，感情表現を練習するためのシートです。このようなシートを現実の場面で利用することで，練習するのです。

❷ ICT を使ってみよう

　感情を視覚化するために，アプリも使うことができます。数直線とともに，表情の変化などで感情を示してくれるものもあります。表情等に変化を与えることができるため，効果的に感情表現の練習をすることができます。情報端末で使うことができるアプリを見ながら，今の気持ちに気づくように支援するということです。このようなアプリも活用して，これまで表現できなかった感情を表現できるようにしていくことは，Ａさんのように感情表現が苦手な子どもにとってはとても重要なことであると思います。

▶ 支援を考える上でのプラスアルファ

　感情を表現できるようになると，Ａさんのような ASD のある子どもたちの行動は落ち着いてきます。問題行動も少なくなってきます。それは，これまで言葉で表現できないことが原因で，周囲から受け入れられないような方法で表現していただけで，周囲の人を困らせてみようなどとは考えていないからです。言葉で表現できるようにすることで，誤解されることなく，相手に伝えることができるようになるからです。最新の技術も取り入れながら気持ちを表現できるように指導していってみてはどうでしょうか。　（坂井　聡）

第3章　コミュニケーションの困難さを支援しよう　93

5 問題行動で表現してしまう

▶ ここが苦手！

　Aさん（小学校3年生）は，ASDとADHDの診断を受けています。学校の成績は，算数や理科などはよくできますが，国語は苦手です。日常生活では音声言語でやり取りをしています。衝動性があるため，クラスの中で，自分の意見が通らなかったり，近くにいるクラスメイトが，気に入らないことをしたりすると，大きな声を出したり，気になる子どもをたたいたりすることがあります。担任の先生はこのAさんの行動のことで頭を悩ませています。トラブルが大きくなると，保護者にも連絡しなければならず，保護者同士の関係も悪くなるのではないかと心配しているのです。

▶ なぜ苦手？

　発達障害のある子どもには苦手なことがあります。特に，ASDのある子

どもの場合，「コミュニケーションすること」，「集団の中で適切な行動を取ること」，「相手の気持ちや周囲の状況を想像すること」の3つが苦手です。

Aさんの場合，コミュニケーションすることが苦手で，相手とうまくやり取りすることができないことが原因として考えられます。

言いたいことがあるのに，それを適切な音声言語にして伝えることが苦手だということです。そのため，周囲からは受け入れられないような行動で表現してしまうのです。

ここで注意しないといけないことは，周囲とのトラブルが起こらないように「Aさんやめなさい」，「Aさんいけません」と言ってAさんを制止した後です。このまま終わってしまってはいけないのです。その理由は，Aさんは，自分の考えていることをうまく音声にすることができなかったために，行動で表現してしまったと考えられるからです。「やめなさい」，「いけません」だけで終わってしまったとしたら，言葉をかえると「だまりなさい」，「表現してはいけません」と言って終わってしまうことになります。このようなことが繰り返されるとどうなるでしょうか？わざとしたのではないのです。そのような表現方法しか思いつかなかったということです。このような理由があるので，「Aさんは，何が言いたかったのか」を大人側が想像して，それを音声表出言語で表現できるように練習することが必要になります。

▶ 支援のアイデア

Aさんの行動の原因は，音声言語でうまく表出することができないということでした。大人側が，Aさんが言いたかったことを想像することができた場合には，そこで必要であった言葉をAさんに練習してもらうことになります。

❶ 共感的に肯定的に関わることからはじめてみよう

ここで，重要なのは，Aさんに共感的に，肯定的に関わることです。「い

第3章 コミュニケーションの困難さを支援しよう 95

けないものはいけないからだめです」ではなく，「Aさんは，こんなことが言いたかったんだね。でも，Aさんのその表現の仕方では伝わらないから，こんな風に表現したらどうだろう」と考え，提案することです。

　Aさんなどの発達障害のある子どもの多くは，自己肯定感が低くなっていると考えられます。それは，「やめなさい」など，注意されることが多く，周囲の人に認められる経験が少ないからです。自分では意識していないけれど，結果的に周囲に受け入れられないような行動を繰り返してしまっているので，注意されることも多くなり，その結果，自己肯定感が下がってしまうのです。このような理由から，共感的に，肯定的に関わることによって，認められているという経験が積めるようにするのです。

❷ ICTを活用してみよう

　Aさんが言いたかったことを別のシーンで表現することができるように練習する方法があります。ここで別のシーンで表現といったことには理由があります。トラブルになったシーンを再現して，適切な行動を教えるという方法もありますが，発達障害のある子どもの場合には，そのシーンを思い出す

ことでやる気をなくしてしまう場合があるからです。つまり，失敗したシーンを繰り返し思い出すことになってしまうために，やる気をなくしてしまうということです。こういう状況をフラッシュバックと言いますが，過去の嫌な思い出をなかなか忘れることができないということなのです。このような状況を避けるためには，Ａさんに学んでもらいたい言葉について，新しい状況で設定する方がよいということです。

　そこで，ロールプレイをするのですが，ロールプレイの場面を考えてもらい，それを動画で撮影し，練習するという方法が考えられます。動画には適切な行動が写っているので，Ａさんは嫌なことを思い出さずに，新しい行動を学ぶことができるのです。

　このようにして練習に使った動画を一つのファイルにして情報端末にまとめておけば，Ａさんのライフスキルファイルとして，その後も活用できるのではないかと思います。

▶ 支援を考える上でのプラスアルファ

　問題行動は，周囲の人を困らせようとして，している行動ではないのです。表現の仕方が分からないために，そのような行動になってしまったということです。注意したり，叱ったりするだけでは解決しません。私たち大人が，想像力を発揮して何が言いたかったのかを考えることが重要なのです。

（坂井　聡）

6 会話が一方的になってしまう

▶ ここが苦手！

　Aさん（小学校2年生）は，ASDの診断を受けています。まじめで，何事にも一生懸命取り組むことができる子どもです。そんなAさんについて，担任の先生が困っていることがあります。それは，会話が一方的になってしまうのです。そして，自分が話し終わったら，さっとその場からいなくなることもあります。Aさんのように，会話が一方的になってしまう子どもの場合はどのように考えたらよいでしょうか。

▶ なぜ苦手？

　Aさんのように会話が一方的になってしまう子どもの場合，なぜ，一方的になるのでしょうか。その原因から考えていくことにします。

コミュニケーションは双方向のものです。発信者と受信者がいて成立するのですが、それが双方向になっているということです。このように双方向であるコミュニケーションをスムーズにするためには、送り手と受け手の役割を交代できなければなりません。つまり、送り手となった人は次に受け手となり、受け手となった人は次に送り手となるといった具合に、役割を交代しなければならないということです。この役割が交代できないと、自分だけが話すことになってしまい、Aさんのように会話が一方的になってしまうのです。

▶ 支援のアイデア

まず、考えなければならないのは、Aさんは順番を交代することができないということです。それは、順番を交代するということがどのようなことなのかが分からないからではないかと考えられます。

順番を交代することを意識することができる課題を一緒にするという方法があります。例えば、順番を交代するゲームなども活用することができるでしょう。「黒ひげ危機一発」（タカラトミー）などは、順番の交代を教える上で効果的なゲームの一つだと思われます。

順番を交代することを教える際に重要なことは、順番が視覚的に分かるように工夫することです。例えば、お互いの名前を書いた札を一回一回引っ繰り返しながら順番が代わるようにしたり、自分の順番が来たら帽子が回ってきたりするなどの方法が考えられます。ホワイトボード上で磁石などを動かすという方法もあるでしょう。いずれにしても、言葉だけではなく、順番を視覚的に理解できるようにすることが重要なのです。

○ ICT を活用してみよう

ICT の活用も考えることができます。一つは順番を決める際に活用する方法です。順番をアプリで決めるようにするのです。Aさんのように発達障害

のある子どもの場合，一番でないとかんしゃくを起こすタイプの子どもがいます。このような場合も，アプリなどが出した順番には従うことがあります。あみだくじで決めるものや，サイコロを使って決めるものなど，何種類ものアプリが出ています。これらのアプリを使って，順番を決めて交代しながらゲームなどをするということです。

　また，順番を交代しながら情報端末を使ってゲームなどをするという方法も考えられます。交代で画面を操作することで，ゲームが進んでいくようになっているものを活用するということです。

　ゲームなどを取り入れるときには，アクション系のゲームは避けるようにします。交代でゲームをするということではなく，一つのゲームの中で交代することができるようにするということです。

　並行して，会話の練習も進めていくようにします。情報端末を活用する場合には，画面に，Ａさんの好きなものを出していくようにします。その画面を見ながら，交代で話すようにするのです。

　話の順番は，アプリで決め，自分の順番だと視覚的に分かるように，工夫しながら話をする練習をします。

ここで大切なのは，画面に出ているものが，Ａさんが話したくなるような
ものにするということです。テレビのキャラクターが好きなのであれば，そ
のキャラクターを画面に出して話をするようにします。共通の話題がなけれ
ば話が続きません。「テレビのキャラクターの話ばかりはやめてください」
というのではなく，そのテレビのキャラクターを使って話を順番にする練習
をするようにするのです。
　情報端末の場合は，動画も使うことができます。Ａさんが好きなものを動
画で示しながら，途中でそれを止めて，会話の練習をすることもできるでし
ょうし，校外学習やその日の学校での出来事などを情報端末でとっておき，
それをお互いに見ながら話をすることもできると思います。

▶ 支援を考える上でのプラスアルファ

```
①先生
        ②Ａさん
③先生
        ④Ａさん
⑤先生
```

　コミュニケーションが苦手なＡさんと話を
続けるには，大人側がコミュニケーション能
力を十分に発揮する必要があります。大人側
が配慮しないと会話は続かないのです。
　どうすればよいか分からない人は，一度，
５ターン続くように取り組んでみてはどうで
しょうか。会話が５回続くように取り組んでみるのです。
　図に示したようにたったこれだけのことなのですが，案外難しいことに気
づくはずです。いろいろ工夫をしながらやってみることが大切です。その工
夫の一つとしてICTの活用も考えてみるとよいかもしれません。

（坂井　聡）

第3章　コミュニケーションの困難さを支援しよう　101

7 声の大きさが調整できない

▶ ここが苦手！

　Aさん（小学校2年生）は，ADHDの診断を受けています。とても元気な子で，活発な子どもです。ユニークでとても楽しいと思える子どもなのですが，クラスの担任の先生が困るのは，Aさんの声がいつも大きいことです。グループで話をするときも，発表するときも声が大きいのです。担任の先生は，「もう少し小さな声で」，「声が大きすぎます」などと，その都度声をかけるようにしているのですが，繰り返し注意しても一向に改善されません。グループの中で話しているクラスメイトも，困ってしまうことがしばしばあります。

▶ なぜ苦手？

　声の大きさは，見ることができません。その人の感覚によるところも大きいものです。Aさんのように発達障害のある子どもの場合，イメージすることが苦手なことが多いので，「声が少し大きいです」，「もう少し小さな声で」等と言われても，何を基準にして自分の声が大きいと言われているのか，もう少しとはどのくらいなのかというようなことが，イメージできないために，担任の先生が言っていることが理解できず，その結果，繰り返し注意をしても声の大きさを変えることができないのではないかと考えられます。

▶ 支援のアイデア

　先にも述べたように，声はその大きさを見ることができないので，「もう少し小さな声で」とか「声が大きすぎます」と言われても，イメージがわかないために，改善することができないことが考えられます。この場合，最も簡単に声の大きさを伝える方法は，ボリュームという表現を使って，声の大きさを伝えるようにすることです。「発表は，ボリューム2でお願いします」などと，伝えるようにするのです。「もう少し小さく……」「もうちょっと小さく……」と伝えられるよりは，はるかにイメージしやすくなります。

❶ 視覚的に伝えてみよう
　声の大きさを伝える際に教室でよく見かけるのは，声のものさしといわれるものです。「教室で発表するときの声の大きさ」，「運動場で話をするときの声の大きさ」などを視覚的に示したものです。これが教室の前面に貼ってあると，声の大きさを意識して教室で過ごすことができる子どもがいます。視覚的に分かるように示されているので，声の大きさについてイメージすることができやすくなったと考えることができます。

第3章　コミュニケーションの困難さを支援しよう　103

しかし，これだけでは声の大きさについて改善されない場合もあります。どういうことでしょうか。

視覚的に声の大きさを示しただけでは，声の大きさが改善されないのは，自分の声の大きさがどのくらいなのかイメージすることができないからです。声の大きさは，その人のイメージによるのです。

❷ アプリを使ってみよう

声の大きさをイメージすることができないと考えると，自分の声の大きさがどのように聞こえているのか，どのくらい大きいのか，ということもイメージすることができないということが考えられます。

このときに使うことができるのが，声の大きさを視覚的に分かるように示してくれるアプリです。

Ａさんがイメージすることができない声の大きさをその場で見えるようにしてくれるものです。数字で示してくれるものもあれば，シンボルが大きくなったり小さくなったりすることで示してくれるもの，色で示してくれるものなど様々なものがあります。机上に置いておいて，Ａさんが自分の声の大きさに気づくようにするということです。

❸ ビデオの機能を使ってみよう

Ａさんが，適切な声の大きさで話ができている様子をビデオ等で撮っておき，それを必要に応じて見せることで，活動に取り組めるよう指導する方法もあります。今からどのくらいの声の大きさで話せばよいのかを，活動の前に意識できるようにするということです。どのようにすればよいのか適切な行動を意識できるようにするということです。子どもにとって必要なライフスキルを効果的に身に付ける方法になると思います。

ビデオを見せる際に注意することは，できている様子を見せるということです。できていない場面を見せて，間違いに気づかせる方法ではないということです。誰でも，できていないところを繰り返し見せられると，意欲がな

104

くなってしまうものです。

▶ 支援を考える上でのプラスアルファ

　声の大きさなど，社会性に関する指導をするときに注意しなければならないのは，できないことを指摘して指導するのではなく，行動を肯定的に示して指導するということです。本人が指導されることによって，うまく行動することができたという体験をできるように考えることが重要です。また，本人が認められたという経験をできるようにすることが重要です。

(坂井　聡)

8 同じことを繰り返し尋ねてくる

▶ ここが苦手！

　Aさん（小学校3年生）は，ASDの診断を受けています。まじめで，何事にも一生懸命取り組むことができる子どもです。そんなAさんについて，担任の先生が困っていることがあります。それは，同じことを何度も繰り返して聞いてくるということです。特に予定については繰り返し確認をしてきます。

　「今日は，6時間目にお客様が来ます」というようなことを伝えると，休み時間ごとに「今日はお客様が来ますか？」と，同じことを何度も何度も繰り返して尋ねてくるのです。「何回も聞かないの」などと注意をしますが，効果はありません。特に忙しいときなどに繰り返し聞かれると，イライラしてしまうこともしばしばあります。

▶ なぜ苦手？

　Aさんのように，同じことを繰り返し尋ねてくる子どもの場合，繰り返す理由があります。その理由を考えるところから始めましょう。

　まず考えなくてはならないのは，耳からの情報を整理して理解し，記憶しておくことが苦手な場合です。Aさんのように，ASDがある子どもたちは，一般的に耳からの情報には弱いことが知られています。聞いたことを整理して理解することが苦手なため何度も聞いてくることがあるということです。この場合は，理解しようとして繰り返し聞いてくることが考えられます。「何度も同じことを聞かないの」と言われても，分からないから，繰り返して聞くのです。「分からない人はいつでも聞きに来なさい」などと，話している先生も多いのではないかと思います。

　次に考えられるのは，聴覚的な記憶が苦手なために忘れてしまう場合です。「どうだったかな」と思ってしまうので，繰り返し聞いてくる場合です。自分が理解していることが正しいのかどうなのか，覚えていることに自信がなくなって繰り返し聞いてくるということです。確認しなければならない状況は，とても不安になるのだと考えられます。

第3章　コミュニケーションの困難さを支援しよう　107

▶ 支援のアイデア

　支援を考えるときに，なぜ，音声で伝えたことに限って繰り返し聞いてくるのかということを考えることが重要です。音声は音なので聞いてしまった後はなくなってしまいます。記憶の中にしか残らないということです。つまり音声は消えてなくなってしまうので，聞いたことで大丈夫かと不安になってしまうということです。

　このような場合は，視覚的な情報として伝えることが重要です。視覚的な情報は消えてなくなってしまわないからです。Ａさんに伝える場合には，「今日６時間目に，お客さんが授業を見に来ます。香川からのお客さんです。」と書いておけばよいということです。視覚的な情報はすぐに消えてなくなるということはないからです。

❶ スケジュールを構造化してみよう

　まず，考えなくてはならないのは，スケジュールの構造化です。Ａさんはどのようにして，一日のスケジュールを理解しているのでしょうか。理解できるようにするためにどのようなスケジュールを示しているでしょうか。大切なことは，Ａさんがスケジュールを理解できているかどうかということです。Ａさんが繰り返してスケジュールを聞いてくるということは，スケジュールが理解できていないということと考えた方がよさそうです。それゆえ，Ａさんに分かるようにスケジュールを構造化して知らせるようにするのです。右の写真は，構造化されたスケジュールの例です。

❷ ICT を活用しよう

　スケジュールを知らせるときに ICT 機器も活用することができます。時間割を表示させるアプリやカレンダーを表示させるアプリもあります。将来の生活等を考えると，ICT を活用してスケジュールを理解できるようにすることはとても重要なことです。

　アプリを選ぶ際には，Ａさんと相談しながら決めていくことが大切です。カレンダーのアプリなどは，その後の生活でも使うことが予想されます。このアプリがあれば，見通しを持ちながら落ち着いて生活することができると実感することができるようにその活用方法を考えていくことが大切です。

　高等部になると，情報端末を活用して明日の予定などを入力することができるように指導することは重要だと考えられます。卒業後の生活を考えながら，実用的に活用することができるように練習していくということです。

▶ 支援を考える上でのプラスアルファ

　スケジュールは，学校だけでつくるものではなく，家庭でも同じように取り入れてもらうと効果があります。学校で使うものも家庭で登録してもらい，プリントアウトしてそれを持ってくるということも考えられます。家庭と協力しながら，楽しくスケジュールをつくるようにするのです。

　留意しておかねばならないことは，言葉を理解してスケジュールを確認できるようになったからという理由で，スケジュールの提示をやめることがないようにすることです。時々，言語指示で理解できるようになったので，スケジュールを提示しなくなったというエピソードを聞きます。音声で理解できるようになることが増えると，スケジュールがなぜいるのか分からなくなる指導者もいるようです。先生は，何らかの形でスケジュールを使っているはずです。先生が日常生活で使っているものは，形を変えてＡさんが将来も使うことができるようにしていくことが大切なのです。

（坂井　聡）

9 距離感を調節することが苦手

▶ ここが苦手！

　Aさん（小学校3年生）は，とても積極的に活動に取り組む子どもです。楽しそうに活動に取り組んでいてよいのですが，周囲の子どもと話しているときや，教師と話しているときにだんだんと距離が近くなっていき，異性からは「これ以上近づくな」などと言われることが多くトラブルになることが多くあります。これから体も大きくなることが予想されるので，周囲の大人は少し心配しています。

▶ なぜ苦手？

　Aさんのように発達障害のある子どもの中には，距離感をつかむことを苦手としている子どもがいます。「そんなに近づいたら恥ずかしいよ」，「近づきすぎで嫌がられるよ」などと言われても，実際に相手がどのように感じて

いるのか，どの距離がよいのかなどが分からないことが原因だと考えられます。

▶ 支援のアイデア

　Aさんにはどのような支援が考えられるでしょうか。Aさんは，わざと人の嫌がることをしているのではなく，距離感が分からないために，結果的に周囲に不快な思いをさせてしまっていると考えられます。ここで重要なのは，周囲が誤解するような行動を誤解されないような行動に修正するということです。

❶ 誤解されているかもしれない行動を整理しよう

　そこで，どのような行動が誤解を与えることになっているのか整理することから始めます。下の表のように，誤解される可能性があると考えられる行動とその原因を整理します。そして何を教える必要があるのかについてもアイデアを書いておきます。

誤解される行動	原因	対応
距離が近すぎる	距離感が分からない	適切な距離感の指導

　このように誤解される可能性のある行動を整理し，そのときの対応策についてアイデアを考えます。

第3章　コミュニケーションの困難さを支援しよう　111

❷ 情報端末を使って教えてみよう

　このときに使うことができるのが情報端末です。
　情報端末には，Aさんがかっこよくなるためにはと題して，適切な行動をしている様子の動画を入れておくのです。
　授業の前などにその動画を見せておいて，適切な行動ができるように支援します。Aさんは，距離感が分からないので，その距離感に気づくことができるような動画にすればよいのです。
　このときに，距離などを測ることができるアプリなども活用することができます。実際にAさんに適切な距離感のときの距離を測ってもらいます。片手を伸ばしたときの距離をおおよその距離として，実際に距離を測って，ここから近くには入らないようにすることを伝えます。自分で実際に距離を測ることによって，イメージしやすくなり，より理解しやすくなると考えられます。このとき，〇センチから〇センチまではOKというように伝えます。きっちり〇センチと伝えてしまうと，それにこだわってしまう子どももいると考えられるからです。

❸ こんなことには注意しよう

　写真や動画を用いて適切な行動をうつすとき，本人ができているところを撮るのが一番効果的です。「Ａさん，いい距離感でグループ活動できているね。今回のこの距離でお願いしますね」ということが言えるからです。自分ができている様子を確認することができることは，本人にとってもうれしいことです。できている様子を撮影するのですから，その場合は，シナリオがあっても構わないでしょう。つまり，Ａさんのための教材をつくるために，Ａさんにモデルになってもらうということです。活動に入る前に，できている自分を確認してから，活動に入るようにするのです。

　ここで，一つ注意しておかなければならないことがあります。うまくできていない例をあえて示して，「この行動はおかしいです」という指導はしないということです。適切な例と不適切な例を示して比較させて考えさせる方法もありますが，不適切な例を面白おかしく捉えてしまうこともありがちです。こうなると，教えたいことがしっかりと伝わらないことも考えられるので，適切な行動を教材として使って，その行動ができるようにしていくということを忘れてはなりません。

▶ 支援を考える上でのプラスアルファ

　Ａさんのように発達障害などのある子どもの場合，周囲の人たちに誤解されてしまう行動をしてしまうことがあり，評価が下がる場合があります。特に発達障害の特徴などを知らない人の場合，誤解することが多いでしょう。しかし，それは正しい評価ではありません。理解できていないことがあるから，誤解されるような行動をしてしまうのです。決して周囲の人に迷惑をかけてもよいなどとは思っていません。このことを周囲が理解することができれば，もっと楽しく関わることができるようになるのではないかと思います。

（坂井　聡）

第3章　コミュニケーションの困難さを支援しよう　113

10 指示待ちになっている

▶ ここが苦手！

　Aさん（小学校6年生）は，行動するときに指示待ちになってしまいます。担任の先生は，なんとか自分から動いてもらいたいと思ってしばらく待っていますが，Aさんが動かないので，次にすることを指示してしまいます。作業などはとても丁寧で，きっちりとしています。自分から動くことができればいいなと毎日のように感じています。

▶ なぜ苦手？

　発達障害のある子どもの中には，Aさんのように一回一回指示を待ってか

ら行動する子どもがいます。自分からは動くことができにくい子どもです。この原因として、次に何をすればよいのかが分からなくて動くことができない場合が考えられます。このようなときは、手順表を示して自分から動くことができるようにしていくことが大切です。

▶ 支援のアイデア

買い物の手順表

	行動
1	かごを持つ
2	品物をかごに入れる
3	レジに並ぶ
4	レジにかごを置く
5	代金を支払う
6	品物を受け取る
7	店を出る

手順表とは、行動を細かく分解して、それをつなげていったものです。例えば、買い物を例にして考えてみましょう。買い物をする場合には、上の表のような行動をしています。

❶ 課題分析してみよう

手順表をつくるときには、表のように、行動を細かく分けて一連の行動に分解する必要があります。このことを課題分析と言います。行動は、一つの小さな単位に分けることができるのです。身の回りにある行動も一つの単位行動に分けることができます。

課題分析ができたら、いよいよ手順表づくりに入ります。

第3章 コミュニケーションの困難さを支援しよう **115**

❷ 手順表をつくってみよう

　手順表は，行動するときの手がかりとして使うようにすることが目的です。つまり，分解された行動を確認しながら，一連の行動をする際の手がかりとなればよいということです。

　手順表では，課題分析で細かく分けられた行動をＡさんに分かるように示さなければなりません。対象となる子どもが，文字だけで分かる場合は文字による手順表でよいでしょう。文字での理解が不十分な場合は，写真を使った手順表をつくる必要があるでしょう。このときに使うことができるのは，情報端末の中にあるスライドショーを使った機能です。

　一つ一つの単位行動を写真に撮り，それらを順番に並べてスライドショーにしておくのです。情報端末に入ったスライドショーを見ながら一つ一つ行動を確認して，目標となる行動ができるようにしていくということです。

　対象となる子どもが，写真を見せただけでは，十分に理解できない場合は動画を使う方法も考えられます。これから行わなければならない行動を動画にして撮っておいて，それを自分で見ながら行動を確認して，実行するという方法です。

❸ こんなことには注意しよう

撮影の際に工夫することは，Ａさんが自分で見ているように写真や動画を撮るようにすることです。Ａさんの目線から見ているのと同じように撮影することが重要です。向かい合った状態で撮った場合，左右が反対に映るので，混乱する子どもがいる場合があるからです。

また，動画を使う場合は，長くならないようにすることも重要です。一つの動画が長すぎると，その動作を覚えることができなくなる場合もあると考えられます。また，それを見ながら作業することを考えると，長く見ているわけにはいかないでしょう。せいぜい5秒くらいのものでつくるのがよいのではないかと思います。

手順表は，作業の場面や料理の場面など，様々な場面で使うことができます。そして，手順が理解できるようになると，Ａさんも自分から動くことができるようになっていくはずです。

▶ 支援を考える上でのプラスアルファ

最後に一つ注意が必要なのは，手順表を使ってできるようになったら，その手順表を見なくてもできるようになればよいと考えて，それらを見ないでやってみましょうと言いたくなってしまうことがあることです。手がかりがなくてもできることが重要だと考えてしまうからです。しかしそれはうまくいかない場合もあります。手がかりがなくなったことが原因で，できなくなる子どももいるということです。この場合は，手順表を見ながらできるようになったことをほめ，手順表のバリエーションを増やし，これがあれば大丈夫というような方法にしていくのがよいと思います。子どものできることを増やすために，情報端末を使った手順表の活用を考えてみましょう。

(坂井　聡)

第3章　コミュニケーションの困難さを支援しよう　117

第4章
どの子にもやさしい教室の中の
ICT活用

ICTの活用方法は，「教師が指導に使うもの」「子どもが学習に使うもの」の2つに分かれます。
これまでは，教師が指導に使うものがほとんどでしたが，発達障害のある子どもの学びを支えるもの「支援ツール」としての視点はとても重要になってきています。それぞれの活用方法を紹介します。

1 学びを支える ICT の可能性

　学校における学びというのはどうあるべきなのでしょうか。自分が小学生だったとき夢中でやれていたのは算数の授業でした。得意な教科で答えがすぐに出せ，正解になればそれを自信としてまた次の勉強につながるという正の連鎖が続いていました。それに比べて国語はまったくダメでした。漢字を書くのが苦手でテストで苦労したことを思い出します。文章をつくっても漢字が出てきませんから作文も1行書くのに苦労するぐらいで，大学を卒業するまで文章を書くことはあまり好きではありませんでした。

　小学生の私を知っている人がいれば，こんなに変わっていることを驚くと思います。その変化の一番の違いはワープロの登場でしょう。頭の中に情報が100あったとしても，言葉に出すと10ぐらいに減ります。それを手書きの文字にすると1ぐらいになってしまいます。考えていることを文字にする間に自分の考えていたものがどんどん消えてしまいます。ところが，ワープロ

を使うことになって10とまではいきませんが5ぐらいは出てくるようになりました。そうすると面白いもので，だんだんと書くことが楽しくなってきました。

　ICTの活用はそういった「やれる」「やりたい」と思えることが次につながり，自分から学ぶツールになることではないでしょうか。ですので，学習に何らかの困難がある子どもたちこそ，ICTを使った学習の支援が必要だと思います。

　さて，本章では発達障害のある子どもの学びを支えるためのICTの活用について紹介していきます。ICTの活用については大きく，「教師が指導に使うもの」「子どもが学習に使うもの」の2つに分かれます。これまでのICT活用というと，教師が指導に使うものがほとんどでした。しかし，発達障害のある子どもたちにとってはそういった側面よりも，学びを支えるもの「支援ツール」としてのニーズが注目されるようになってきました。この視点はとても大切だと思っています。困難さを支援するものとして有効に使えば他の子どもたちとともに学ぶことができるからです。

　しかし，それだけでなく一斉指導の中で多くの子どもたちにより分かりやすい授業をすることが学習に困難を感じる子どもにも参加しやすくなるという「学習のユニバーサルデザイン」としてICTも使ってもらえると，相乗効果があるのではと私は考えます。ここでは，そういった考えから子どもが使うもの，教師が使うものどちらについても紹介していきます。また，具体的な機器の紹介よりも，大切にしたい考え方を中心に書きましたので，ぜひこの内容をヒントに実践を組み立てていただければと考えています。

（金森克浩）

第4章　どの子にもやさしい教室の中のICT活用　121

2 教師がICT機器を「使いこなす」ポイント

　ICT機器を活用することで，授業の幅が広がったり，子どもたちの「できる」が増える可能性が高まります。しかし，時として，そうならない場面に遭遇します。それは，機械を「使いこなす」のではなく，機械に「使われて」いたためだと思います。ここでは，上手に「使いこなす」ためのポイントを整理しました。

▶ バックアップを用意する

　ICT機器があまり授業で使われない背景に「うまく動かない」ことが挙げられます。しかし，その多くは十分な準備をしていないからではないでしょうか。授業でしっかりと使うためには，どんな授業でも準備が必要なようにICT機器もあらかじめ動作確認や予備実験などをやっておくことは必須です。ぶっつけ本番はいけません。

　しかし，そういうことをしても時としてうまく動いてくれないことがあります。例えば，無線LANを利用して授業をしようと予備実験をしたときにはうまく動いたのに，クラス全員でインターネットを使ったらつながらなくなったという話を聞きます。回線が混雑していたためでしょうか。そういったときでも，教師だけネットにつなげるなど授業方針を変えたり，違う教材を用意しておいたりとバックアップがあれば安心です。これは，時として子どもたちの状況に応じた臨機応変な指導に通じることです。

▶ 仲間をつくる

　一人で実践を続けるというのはなかなか難しいです。また，相談する人がいないと今やっている実践を振り返ることが難しくなります。そこで，ぜひ学校の中で仲間をつくることをおすすめします。ちょっとした教材の使い方を相談できる人でもいいし，自主的な学習会をつくるのもいいでしょう。それと同時に，学校外の仲間を増やすことです。今は，SNS が普及していますので Facebook などを見ると，そういった研究会などがたくさん見つかります。

　ただし，ネット上だけでのつながりというのはなかなか難しいので，下記に挙げるような研究会や学会などに参加し，そこで知り合った人と SNS などで交流するという方が長続きします。「学校の中」，「ネット」，「研究会」というのはそれぞれ性質の違いがあり，どれがいいということではなく，組み合わせながら利用することが有効です。

表　ICT 関係の情報が手に入る研究会・学会

名称	内容
ATAC カンファレンス (https://atacconf.com/)	障害のある人や高齢者の自立した生活を助ける電子情報支援技術（e-AT）とコミュニケーション支援技術（AAC）の普及を目的に開催
一般社団法人日本 LD 学会 (http://www.jald.or.jp/)	LD・ADHD 等の発達障害に関する研究・臨床・教育・の進歩向上を図るとともに，LD 等を有する児（者）に対する教育の質的向上と福祉の増進を図ることを目的にした学会
一般社団法人日本特殊教育学会 (https://www.jase.jp/)	特殊教育，特に障害児教育の科学的研究の進歩発展を図ることを目的とし，全ての障害種とその関連領域を含む，わが国で最大規模の学会

第 4 章　どの子にもやさしい教室の中の ICT 活用　123

表　情報収集先のメリットデメリット

	メリット	デメリット
学校の中	子どものことなど具体的な相談ができる	詳しい人がいないかもしれない
ネット	情報が豊富	あらかじめつながりがないとなかなか交流ができない
研究会	整理された情報が直接入手できる	時間を作って参加しないといけない

▶ うまくいかないことを楽しむ

　ICT の活用はうまくいかないことも起こります。特に，機器の操作に慣れていないと，使い方が分からなくなることもありますし，進化が早いので常に新しい情報を学ばなければなりません。そんなときに「難しいからやめる」のか「新しいことを学べるから楽しい」と思うかでまったく違ってくると思います。そして，学校の教師だからこそ，「学ぶ」ことを楽しんで欲しいと思っています。

▶ 参考情報を活用する

　学習に困難がある子どもたちのための ICT の活用について，ここ10年でだいぶそろってきました。後述する Web の情報はもちろんですが，手軽に手に入れられて使い方に慣れていない人にも紹介できるのは，書籍や資料です。その中でも，おすすめできるものを紹介します。

①近藤武夫　編著（2016）『学校での ICT 利用による読み書き支援──合理的配慮のための具体的な実践』金子書房

　私も，1つの章を書かせてもらっている本です。読み書きに関することがこれだけまとまった本はなかなかありません。制度に関すること，アセスメントから具体的な事例など豊富な情報が整っています。

②金森克浩　編著（2012～2015）『〔実践〕特別支援教育と AT（第1集～第7集）』明治図書（第3集は梅田真理共編）

特別支援教育で活用できる ICT や AT（支援技術）に関する情報を多くの著者の協力を得て作成した本です。電子書籍版もあり，各内容が独立した読み物になっているので関心のあるところから読み始めることができます。

③佐藤里美　監修（2018）『特別支援教育ですぐに役立つ！ICT 活用法　ソフトバンクによるモバイル端末活用研究「魔法のプロジェクト」の選りすぐり実践27』学研プラス

　後述する魔法のプロジェクトで実践された事例の中でも優れた活用の事例をまとめた書籍です。

▶ Web の活用

　インターネット上の Web サイトは，最新の情報が入ってきますので有効ですが，その情報が正しいものであるかについて保証されていません。サイトによっては個人で書かれているものもあるので間違いも多く見受けられます。そうはいってもそれらを有効に活用しない手はありませんので，間違いがあるかもしれないということをあらかじめ考えつつ利用することが大切です。以下にあるのは私が，調べた中で信頼性の高いと判断したものですが，読者の皆さんも自分で判断して活用してください。

①文部科学省　教育の情報化　発達障害のある子供たちのための ICT 活用ハンドブック
http://www.mext.go.jp/a_menu/shotou/zyouhou/detail/1408030.htm
②国立特別支援教育総合研究所　特別支援教育教材ポータルサイト
http://kyozai.nise.go.jp/
③魔法のプロジェクト　https://maho-prj.org/
④平林ルミのテクノロジーノート　https://rumihirabayashi.com/
⑤ kinta のブログ　http://www.magicaltoybox.org/kinta/　　　（金森克浩）

第 4 章　どの子にもやさしい教室の中の ICT 活用　125

3 視覚支援に最適「電子黒板」「プロジェクター」

▶ 電子黒板・プロジェクター

　通常学級での学習活動を考えるとき，一斉指導の中で分かりやすい授業を構築することは，学びに困難のある子どもたちにとっても参加しやすい活動になります。特に，電子黒板やプロジェクターなどは，視覚的な提示になるので，より理解が高まる可能性があります。そこで，一斉指導の中でのICT機器を使う際のコツと，気をつけたい点を紹介します。

▶ 電子黒板やプロジェクターと黒板や模造紙などを併用する

　電子黒板やプロジェクターを使う一番簡単な方法はパワーポイントのようなプレゼンテーションソフトに授業の内容を入力して，スライドを次々と表示させながら授業を進めることでしょう。一度，スライドをつくっておけば

違うクラスや次の年度に同じ授業をする際にも使え，授業準備も含めるととても便利です。また，1つの画面の中に1項目で表示をさせますので，子どもの注意を引くこともできて効果的ですが，こういったプレゼンテーションソフトを使う際には気をつけなければならない点があります。

　それは，前の画面の情報が子どもの記憶に保存されていないかもしれないということです。黒板に順番に授業の内容を書き込んでいるときには，大きな画面ですから，前の情報が残りつつ，次に行きますので，振り返ることもできますが，パソコンのスライドソフトでも，画面を戻すことができますが，基本的には1画面に1情報となります。

　そこで，大切な内容や，比較的長く表示をさせていたいものがあるときには，スクリーンや電子黒板の画面の他に模造紙や画用紙などに大切な内容を書いて，説明が終わったあとに黒板に貼り付けるといいです。そうすることで，話が進んでしまっても，前の情報を振り返ることができます。

▶ プレゼンテーションソフトを使う場合は，文字の大きさに気をつける

　プレゼンテーションソフトで教材を提示するとき，ともするとたくさんの情報を入れてしまいがちです。「これも入れたい，あれも入れたい」と思うことはよく分かりますが，見る側にとっては情報が多すぎると，それだけ処理に時間がかかってしまい，分かりにくい授業になります。これについてはビジネスをやる人たちのプレゼンテーションの方法に学ぶのがいいでしょう。亡くなった Apple の創業者のスティーブ・ジョブズは，画面に3つ以上の要素を入れなかったと言われています。それを端的に表しているのが iPad などで使われている Keynote という，プレゼンテーションのアプリです。このソフトは標準ではたくさんの文字が入れられないようになっています。

　また，電子情報通信学会というところでは「論文作成・発表アクセシビリティガイドライン（Ver.3.0)https://www.ieice.org/~wit/guidelines/index01.html」というのを出していますが，この中でプレゼンテーション

第4章　どの子にもやさしい教室の中の ICT 活用　**127**

をつくる際に気をつけたいことで次のようなことが書かれています。

①文字や図面，写真などはできるだけ大きなものを使用してください。文字
　サイズは通常30ポイント以上，最低でも24ポイント以上を用いることが望
　まれます。
②書体はゴシック系が望ましいですが，明朝系の場合は太字とすることが望
　まれます。
③背景と文字，図などのコントラストを明瞭にしてください。
④情報は色だけに依存して表現しないようにしてください。
⑤専門語などで略語表示する場合は，初出のときにできるだけフルテキスト
　をつけてください。

　この５つのチェックポイントに気をつけるだけでも子どもにとっても読み
やすい教材になるでしょう。
　また，私が尊敬する故畠山卓朗さんが「発表に技術は必要か（https://
youtu.be/gce05uz43r0)」という YouTube の動画をつくられているので
す。様々な示唆に富んだことを語られていますが，この中で Less is More
（少ないことが豊か）というのが出てきます。大切なことは内容を絞り込め
るかです。ぜひ，一度畠山さんの動画もご覧になってみてください。

▶ 無線 LAN が使えれば子どもの近くで授業ができる

　大きな画面で教師側が画像を出せばいいのですが，場合によっては画面の
情報を注視できない子どももいます。そんなとき，タブレット端末を用意し，
子どもの手元で同じ画面を表示することができれば内容の理解を助けられま
す。端末やソフトによって，他の画面は見せない設定にすることもできるの
で，注意をそらさないで授業に集中することが可能となります。

▶ プレゼンテーションの教材はどうやってつくるか

　デジタル教科書が広がりつつあるものの指導者用のデジタル教科書はまだ,高価で簡単には手に入りにくい状況です。そこで,ここでは簡単に使えるおすすめの素材を紹介します。

(1) eTeachers　フラッシュ型教材（https://eteachers.jp/）
　チエルという会社が運営する教材の交流サイトです。会員制で登録するとマイクロソフト社のパワーポイント形式のフラッシュ型教材を利用できるようになります。特に,特別支援教育で使える教材があり,活用事例も紹介されているので,活用しやすいです。

(2) NHK for School（https://www.nhk.or.jp/school/）
　NHK が学校教育向けにテレビ番組を整理しています。指導案などもセットに紹介されており,特別支援教育向けの素材もたくさん掲載されています。

(3) 東京都教育委員会　学習コンテンツ活用システム
　（https://contents.ict.kyoiku.metro.tokyo.jp/）
　東京都教職員研修センターにある,教材のデータベースです。東京都の教師向けのシステムですが,一般に公開されており,ダウンロードすることができます。

(4) 特別支援教育のための教材（特別支援教育デザイン研究会）
　（http://www.e-kokoro.ne.jp/ss/1/）
　プレゼンに使える教材というよりも個別の学習素材が多く掲載されています。東京学芸大学の小池敏英先生など特別支援教育関係では有名な先生が多く参加されている研究会で,指導のアイデアを得ることができます。

（金森克浩）

4 もっと使おう「実物投影機」

▶ 実物投影機

　スマホやタブレットが普及をしてきましたので，何で今さら実物投影機をと思われるかもしれません。スマホやタブレットで撮影した画像をプロジェクターや電子黒板に映せばいいですからね。しかし，実物投影機ならではの便利さがあります。以下では，その利点と使い方のポイントを紹介します。

▶ パソコンがいらない

　ICT 機器の活用というとパソコンを使わないと…，と思ってしまうかもしれません。そしてトラブルやうまく動作しないことを恐れて敬遠したくなってしまうでしょう。しかし，実物投影機ならそのようなことはありません。

手書きのアナログな教材なども簡単にプロジェクターに映し出せますので，すぐに授業で使えます。立体物などは実際に動かしながらいろいろな角度で見せることができます。実物投影機の良さについては，岡山県総合教育センター（http://www.edu-ctr.pref.okayama.jp/）の「特別支援教育の観点からのICT活用」というリーフレットが参考になります。この中で，実物投影機の特徴として「教科書やノート，立体物などを大きく映して，分かりやすく説明することができます。映している画像にペンで書き込むことで注目させることができます。」とあります。また，注釈には「動く生き物の画像もストップモーション機能を使えば，静止画として提示できます。」とあります。同リーフレットをつくるにあたっての研究成果も掲載されていますが，視覚的な提示を効果的に活用すれば理解に困難のある子どもに有効な教材になるでしょう。

『特別支援教育の観点からのICT活用』（岡山県総合教育センター）
http://www.edu-ctr.pref.okayama.jp/chousa/kiyou/h24/12-07/2.pdf

▶ 手元で操作しながら演じられる

　ある小学校の通常学級での実践です。算数の学習で数図ブロックを足し算や引き算に使います。操作しながらの学習は児童にとって分かりやすい学習となりますが，どうやって操作すればよいか，教師が演じて示す必要があり

ます。黒板にそういったものを表示すればいいですが，動きがあまりありません。そんなときには，実物投影機を使って手元を映し出せれば子どもたちの理解を助けられます。また，問題の答えを操作しながら児童が他の児童に見せる場合にも，使うことができます。口頭だけの説明より，実際に操作することは話す方も聞く方も分かりやすい学習となりました。

また，（株）Studio947が運営する「ICT toolbox」（https://ict-toolbox.com/）という Web サイトには教師が国語の授業でノートに書き込む様子を子どもたちに示しながら，同じようにノートをとる方法を紹介しています。小学校１年生はまだ板書をノートに書きとる方法が確立していないため，それを教えるためにやっていると説明していますが，同じようにノートの書き方が分からない子どもがいる場合には有効でしょう。

▶ カメラが固定しているので画像がぶれない

デジカメやタブレットなどで手元を映し出すのは，無線で接続する場合には自由度が高くて便利です。しかし，手ぶれをするという問題があります。カメラが自動的に焦点を合わせてくれますが，それでも動く画像は見にくくなります。

その点，実物投影機は固定されているので，カメラの部分を持たなくてもいいですし，見やすい映像になります。必要に応じて静止画を撮れるので，ポイントとなる画像を撮っておけばより分かりやすくなります。

▶ スマホやタブレットで代用するとこんな便利なことが

前述のように実物投影機は簡便さの点では導入の敷居が低くて便利な機械です。しかし，スマホやタブレットで代用することで，ワイヤレスで映像を見せられるというメリットもあります。その際に，実物投影機と同じように固定して使えると使いやすくなります。

広島大学の氏間さんは弱視の子どものためのWebサイトに拡大読書器（EVES（electronic vision enhancement system））としてスマホやタブレットを使う方法を紹介しています。その中で，理科室にある実験器具のスタンドを代用する方法を紹介していました。これなら，どこの学校にも置いてありますので，ホルダーさえ追加すればすぐに設置が可能になります。
　その他にも，様々なホルダーの利用方法を紹介しています。以下が氏間さんのWebサイトですので，参考にしてみて下さい。

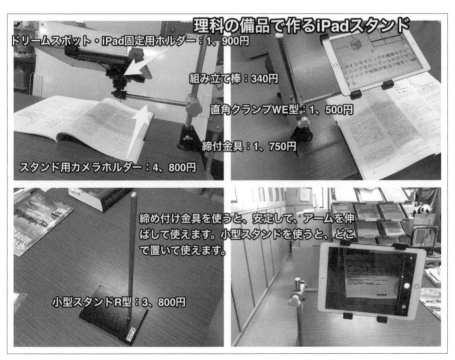

うじらぼ https://home.hiroshima-u.ac.jp/ujima/

（金森克浩）

5 音声読み上げ等メリットいっぱい「デジタル図書」

▶ デジタル図書とは？

　デジタル図書は一般には「電子書籍」といわれています。パソコンやスマホ・タブレットなどで読むことができる電子出版物です。有名なものとしては Amazon（アマゾン）が出している Kindle（キンドル）があります。この書籍の出版社である明治図書も様々な形式に対応した電子書籍を出しています。まずは教科書以外のものについて，学習に役に立つ電子書籍を整理します。

❶ 青空文庫

　青空文庫（https://www.aozora.gr.jp/）には作者の死後50年を経て著作権の消滅した作品と，著作権者が「インターネットを通じて読んでもらってかまわない」と判断したものの，二種類がおさめられています。インターネット上から自由にダウンロードすることができ，パソコンやスマホ・タブレットには青空文庫に対応した電子書籍を読むソフトを入れて読むことができます。利用方法については，上記の青空文庫のサイトに利用規約等が書かれていますので，必ずこれに目を通して使ってください。学校では，すでに著作権が切れた本などを教科書に載せている場合もあるので，そういったものから始めるといいでしょう。

❷ わいわい文庫

　伊藤忠記念財団が運営するわいわい文庫（https://www.itc-zaidan.or.jp/summary/ebook/waiwai/）というのがあります。以下は，同文庫

に掲載されている説明です。「障害があるために，紙の本では読むことが困難な子どもたちへの読書支援を目的に，2010（平成21）年より開始しました。児童書を電子図書の国際規格であるマルチメディア DAISY に編集し，「わいわい文庫」と名付け，全国の学校，図書館，医療機関等の団体に無償で提供をしています。また，障害のある子どもたちへ読書支援ができる人材の育成を目的に，全国の図書館と協力して「読書バリアフリー研究会」を開催しています。研究会は，広く市民の皆様に読みの障害となる様々な原因の理解と，それを解消する機器や支援方法について学ぶ機会として提供しています。」ということです。子ども向けの本が豊富にそろっていますので，学校で使うにはピッタリです。ただし，現在は特別支援学校を中心として配布されているので，利用する場合には同財団に直接問い合わせて取り寄せる必要があります。また，このマルチメディアデイジー規格については，次の項目で解説しますが，印刷物を読むことに困難がある人の為の電子書籍の形式です。

❸ 電子絵本

　Apple 社の iPad の普及により，様々な形式の電子絵本が登場してきました。電子絵本の良さは文字だけだと分かりにくい人にも挿絵が豊富なために理解を助けること。人の声の朗読が入っているものもあり，親しみやすいこと，マルチメディア機能が搭載されていて，学習機能が付いているものなどがあることです。ただし，気を付けないといけないのはソフトによって出来栄えに大きく差があるので現在使っている人の評価を聞いて試してからの方がよいでしょう。

❹ 自作の電子書籍

　一般の書籍をスキャナー等で取り込んで電子化する方法もあります。これは，私的利用であれば問題ありませんが，学校での利用の場合は著作権法にある教育利用の特例をよく読んでつくって下さい。

▶ デジタル図書のメリットとその使い方

　デジタル図書のメリットとは何でしょうか？一番に挙げられるのは音声で読み上げてくれる機能です。目で見て読むことが難しい子どもでも視覚情報と併せて音声を聞くことにより理解が高まります。これについては文部科学省が行った発達障害等の障害の状態や特性に応じた教材・支援技術等の実証研究の成果として「印刷されている文字等の認識に困難のある児童生徒は，音声教材により内容に対する理解が深まること，また，そのことにより自尊感情や学習意欲の向上につながるとともに，友達関係を構築する上でも効果がある。(「障害のある児童生徒の教材の充実について　報告」より)」としています。ただし，一斉指導などにおいては音を出しにくい場合があるので，イヤフォンを使って音を聞く，通級指導教室や家庭学習での利用を中心にするなど配慮をすることが必要となるでしょう。

　また，デジタルであるために，表示される文字を見やすいフォントに変更することが容易です。マイクロソフト社は見やすいフォントとしてモリサワのUDデジタル教科書体というフォントを標準で使えるようにしました。こういったフォントを利用することで読みやすくなる子どももいます。

　もう1つのメリットは漢字の表記を変えられるものもあることです。漢字の読みに困難があることで，学びが進まない場合でも，ルビをふるソフトや漢字をひらがなで表記することで読みやすくすることができます。

（金森克浩）

6 法整備でこれからに期待の 「デジタル教科書」

▶ デジタル教科書が正式な教科書に

　2019年に，国会でデジタル教科書が正式な教材として「学習者用デジタル教科書」が制度化されました。その中で，障害のある子どもが使うものとして先行的に導入することが求められています。改正された法律では以下のように書かれています。「視覚障害，発達障害その他の文部科学大臣の定める事由により教科用図書を使用して学習することが困難な児童に対し，教科用図書に用いられた文字，図形等の拡大又は音声への変換その他の同項に規定する教材を電子計算機において用いることにより可能となる方法で指導することにより当該児童の学習上の困難の程度を低減させる必要があると認められるときは，文部科学大臣の定めるところにより，教育課程の全部又は一部において，教科用図書に代えて当該教材を使用することができる。」とあります。これまでは，教科書のデジタル化されたものを正式な教科書として利用することは，法律上認められておらず，その他の教材として扱われてきました。しかし，この法律が施行された2019年よりデジタル教科書が正式な教科書として利用できることになりました。そこで，ここでは現在でも入手可能なデジタル教科書とその活用について紹介します。

▶ デジタル教科書とは？

　言葉にあるようにデジタル教科書とは教科書をデジタル「電子化」したものです。ここで復習です。デジタル教科書の元となる，「教科書」とはなんでしょうか？実は，教科書の正式名称は「教科用図書」のことです。文部科

第4章　どの子にもやさしい教室の中のICT活用　137

参考資料2

デジタル教科書のイメージ

<デジタル教科書>

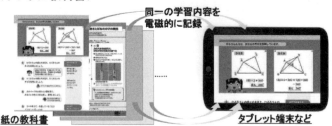

紙の教科書 ……… 同一の学習内容を電磁的に記録 ……… タブレット端末など

<デジタル教科書の導入により期待されるメリット>

○ **デジタル機能の活用による教育活動の一層の充実**
　（例）拡大縮小、ハイライト、共有、反転、リフロー、音声読み上げ
　　　総ルビ、検索、保存　　　　　　　　　　　　　　　　　　等

○ **デジタル教材との一体的使用**
　（例）動画・アニメーション、ドリル・ワーク、参考資料　　　等

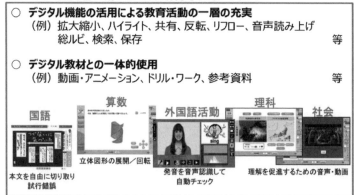

国語：本文を自由に切り取り試行錯誤
算数：立体図形の展開／回転
外国語活動：発音を音声認識して自動チェック
理科：理解を促進するための音声・動画
社会

<特別支援教育等における活用例>

○ 視覚障害のある児童生徒による、拡大機能や音声読み上げ機能の活用
○ 発達障害のある児童生徒による、音声読み上げ機能や、文字の大きさ、
　背景色、テキストの色、行間・文字間隔の変更機能の活用　　　等

「文部科学省 Web サイトに掲載されているデジタル教科書のイメージ図」（文部科学省）
(http://www.mext.go.jp/a_menu/shotou/kyoukasho/seido/1407731.htm)

学省では，「小学校，中学校，義務教育学校，高等学校，中等教育学校及び
これらに準ずる学校において，教育課程の構成に応じて組織排列された教科
の主たる教材として，教授の用に供せられる児童又は生徒用図書であり，文
部科学大臣の検定を経たもの又は文部科学省が著作の名義を有するもの」と
されています（発行法第2条）。小学生，中学生に対しては無償で提供して
います。これらの教科書はこれまでの定義では紙で提供されているものでし
たが，前項の通り電子的な形も教科書となります。

　文部科学省が出した教育の情報化ビジョンではデジタル教科書には2種類
のものがあると定義していて，1つは指導者用デジタル教科書，2つめは学
習者用デジタル教科書としています。そして，指導者用デジタル教科書は主
に教師が一斉指導の中で電子黒板のようなものに提示しながら授業で使うも
の，学習者用デジタル教科書は子どもたちがタブレット端末などに入れて自
分で使いながら学ぶものをイメージしています。

▶ デジタル教科書の形式

❶ 指導者用デジタル教科書

　指導者用デジタル教科書については教材という扱いで10年以上前からつく
られていました。主にはWindowsパソコン用の専用アプリケーションと
して開発され，すでに教科書会社が各種販売しています。これらのデジタル
教科書でも画面を拡大したり，読み上げ機能などが備わっていたり，演習問
題が入っていたりしますが，主には学校単位で購入することを想定している
ので，価格が高額で個人で利用するものではありませんでした。また，文部
科学省が正式に認めたものではないため，各社が著作者の許諾を個別にとら
ねばならず，個別の教材によっては掲載が見送られるものもありました。

❷ 教科書のPDFデータ

　教科書会社各社は指導者用資料に添付する形で，教科書のデータをPDF

の形式で提供している場合があります。これらを使って，教師が授業の資料を作成するなど著作権法の範囲の内で使えるものもあります。ただし，そのデータを児童生徒に直接提供することは想定していないため，その利用については教科書会社に問い合わせる必要がありました。

▶ デイジーなどの教科書バリアフリー法のデータ

前記のような問題があるため，教科書のデジタルデータはこれまでは容易に扱えませんでした。しかし，2008年にできた教科書バリアフリー法（正式名称「障害のある児童及び生徒のための教科用特定図書等の普及の促進等に関する法律」）により，状況が大きく変わってきました。この法律では紙で印刷された教科書で学ぶことが難しい児童生徒に対して，別の形態で学ぶことを可能にするために拡大教科書を作成したり，電子形式で利用することを可能にしました。法文にはその目的として第一条に「この法律は，教育の機会均等の趣旨にのっとり，障害のある児童及び生徒のための教科用特定図書等の発行の促進を図るとともに，その使用の支援について必要な措置を講ずること等により，教科用特定図書等の普及の促進等を図り，もって障害その他の特性の有無にかかわらず児童及び生徒が十分な教育を受けることができる学校教育の推進に資することを目的とする。」とあります。そして，この法律を受けて文部科学省の委託を受ける形で下記に挙げるいくつかの団体が教科書のデジタルデータを提供しています。

❶ 日本障害者リハビリテーション協会

（https://www.dinf.ne.jp/doc/daisy/book/index.html）

ここでは，マルチメディア DAISY 図書という形式で教科書のデジタルデータを提供しています。同協会の Web サイトを見ると，教科書のデジタルデータは小学校から高等学校のものまで多数提供されています。2018年5月18日現在で3,162名の児童生徒が申請して利用しています。利用方法は協会

の Web サイトで確認してください。

❷ AccessReading（https://www.accessreading.org/）

　東京大学先端科学技術研究センター内の大学図書室および人間支援工学分野が共同で運営する教科書デジタルデータの提供団体です。こちらは，Microsoft のワード形式のデータと EPUB という電子書籍の形式のデータを提供しています。利用方法は協会の Web サイトで確認してください。

❸ BEAM（音声教材）（https://www.npo-edge.jp/support/audio-materials/）

　こちらは認定 NPO 法人 EDGE が提供する，教科の音声データの提供システムです。前記2団体と違うのは，テキストデータは提供されず教科書の音声データのみが提供されます。利用方法は協会の Web サイトで確認してください。

❹ 2019年度現在，広島大学と愛媛大学も同様の事業を始めています。

▶ 今後の方向性

　現在は，各教科書会社が提供している児童生徒用のデジタル教科書は限定的です。しかし，法律が整備されたことで，早急にデジタル教科書が提供されてくるでしょう。それまでは，前記の教科書バリアフリー法にのっとって各団体から教科書デジタルデータの提供を受けることが一番近道です。

　しかし，それ以外にも教科書のデータをスキャナでスキャンしてデジタル化するという方法もあります。これについては，著作権の問題もあるので学校が組織的にやることには，問題があり個人的に行うということになるでしょう。

（金森克浩）

7 授業記録に役立つ「デジカメ」「IC レコーダー」

▶ デジカメや IC レコーダー

　今の日本での教育では，教師が黒板の前に立ち，授業を進めながら板書をし，子どもたちがそれをノートに書くという形の授業がまだまだ多く行われています。しかし，書くことに困難があれば書くことだけにエネルギーを使ってしまい，教師の言った内容が頭に入らないということになってしまいます。本当に必要な力は，授業内容を理解することやそれに対して自分の考えを巡らせることですが，エネルギーを「書くこと」に使ってしまっては，それも難しいです。そこで，デジカメや IC レコーダーなどを使って授業を記録するということが考えられます。ここでは，それを行うにあたってどうやっていけばよいか，具体例を考えていきます。

▶ ネックになるのは情報漏洩？

　授業の記録を写真で撮るということでよく問題になるのは個人情報がとか，不公平になるという話です。しかし，本当にそうでしょうか？学習障害のある小学生がタブレットで授業を記録する際に問題になったのは，そんな話でしたが，実際には他の子どもたちが写り込んでいたとしても，トリミングして消すようにしていたそうです。学ぶ本人にとって大切なことは授業の内容を理解することだからです。

▶ 写真に撮っただけでは使えない

　しかし，写真に撮っただけでは実は使えないのです。後で見返すときに問題になるのは，それを書いたのは教師だということ。板書をノートに書き写すことが上手な子どもは，すべてを写すのではなく，自分の言葉で再構築しているそうです。

　ですから，板書をデジカメなどで撮影したら，時間をおかずにノートやワープロなどに書き写すことが重要です。授業時間中に書くことはできなくても，家に帰ってからの自分の時間で書き写すことで内容を振り返ることになります。

▶ デジカメとパソコンが連携していると便利

デジカメで撮った写真は液晶で見るには小さいのでパソコンに転送させることになります。そんなときに，無線 LAN で画像を送る機能が付いているデジカメがおすすめです。最初の設定が少し難しいですが，一度設定してしまえば簡単です。手続き 1 つが簡単であるほど長続きします。場合によっては，パソコンのワープロソフトや OneNote などのデータ編集ソフトに貼り付けて，注釈をつけるということも有効です。

大切なのは，授業に関心を持つことです。最初から無理せず，少しずつ作業量を増やしていくとよいでしょう。

▶ IC レコーダーを使おう

IC レコーダーはパソコンやスマホなどと比べるとあまり目立たないので，教室に導入するには抵抗感が少ないです。また，安価で繰り返し聞き直せるので，とても便利です。

しかし，録りっぱなしになってしまう危険性もあります。そこで家庭で復習すること。音を聞きながら，大事だなと思ったところをパソコンに書き起こすことです。その際に大切なのは「すべてを記録しないといけない」と思わせないことです。自分でこれは必要だな，ということを見つけていくことは学習としてとても意味がありますし，本人の負担が減ります。

▶ スマホを使えば文字起こしも

IC レコーダーではなくスマホを使うことができれば，そのまま文字起こしをすることもできます。最近のスマホは音声入力機能が付いているのでそれを活用することができます。また，音声認識の技術もとても進化しています。実際に，聴覚障害学生のためのノートテイクシステムとして使われてい

るUDトークというシステムは大学等でも使われていますが，リアルタイムで音声を文字に変換してくれます。聴覚障害の学生だけでなく，発達障害のある子どもにも活用していけるとよいと思います。

▶ 絵日記としてのデジカメ

　記録をとる，ということでいうと写真は過去の出来事を手軽に記録してくれます。もちろん，印刷をしてアルバムに残すこともいいですが，そこまでしなくても写真を眺めることでどんなことをやったか想起させてくれます。

　今のデジカメは大量の写真を保存できますし，フォルダー分けをしてくれるカメラもあります。スマホなどだと，学校へ自由に持ち込めないかもしれませんが，デジカメなら学校での活動を写真に撮り，家に帰ってから見返すコミュニケーションのツールとして使うこともできます。

　また，言葉でのコミュニケーションが苦手な子どもの場合，生活に必要なものをあらかじめ撮っておいて，デジカメにおさめ，VOCA（携帯型会話補助装置）のようにして使うという方法もあります。

（金森克浩）

第4章　どの子にもやさしい教室の中のICT活用　145

8 書くことの困難を軽減できる「ワープロ」

▶ ワープロを使えるとぐっと楽

　書くことに困難があれば，代替手段としてパソコンのワープロソフトを使うことが考えられます。ワープロを使う際の活用方法を考えます。

▶ ワープロを使えるためには速さが必要

　手書きでは，難しい人でもパソコンのキーボード入力ならできるという人も多いでしょう。しかし，文字の入力速度が十分でない場合，手書きの方がいいということになってしまいます。金沢星稜大学の河野さんが調査したところでは小学6年生が1分間に筆記で書く文字の平均は30文字程度だそうです。それが22文字以下の場合，要観察の可能性があるそうです。（小中学生の読み書きの理解 URAWSS Ⅱ より）ですので，代替手段としてワープロ

を使うとなれば，30文字程度の速度で入力を目指すことが必要だと考えられます。しかし，いきなりワープロを使い始めてもすぐにそれだけの文字を打てるようにはなりません。ですので，ワープロを代替手段にする際にはあらかじめタイピングの練習をするといいでしょう。タイピングの練習としてはＰ検のサイトなど，Web サイトのものやフリーでダウンロードできるサイトなどいろいろとあります。平林ルミさんのブログ「平林ルミのテクノロジーノート https://rumihirabayashi.com/」には，おすすめの教材などが紹介されていますので，そちらを参考にするといいでしょう。

▶ どの入力方法がいいか

　タイピングを行う場合にはかな入力とローマ字入力があります。低学年ならかな入力の方がなじみがあって導入しやすいでしょう。高学年になってすでにローマ字を習っているのならローマ字入力でもいいかもしれませんが，あまり入力方法にこだわらない方がいいです。大切なのは，今すぐにできる方法を見つけることです。そういう意味では，スマホでよく利用されているフリック入力という方法も考えられます。最近のタブレット PC では，多様な入力が可能となっているので，キーボード以外の入力方法もあるので，身近でよく使っている人に相談してみるといいでしょう。

▶ 音声入力という選択も

　パソコンの音声入力の精度が上がってきており，ビジネスマンなどいろいろな人が活用してきています。音声入力のスピーカーも普及しはじめています。音声入力のメリットはなんといっても，手で書くよりも何倍も速く入力が可能なことです。ただし，まだ修正をしなければならない部分があるので，キーボードの入力と併用することになります。それでも，ずいぶんと負担が軽減されます。難しいのは，静かな場所でしかできないので，環境に左右さ

第4章　どの子にもやさしい教室の中のICT活用　147

れることです。それでも，場面を限定して活用することを考えてもいいでしょう。

▶ 手書き入力はどうか

　字を書くことはある程度できるが，漢字が想起できないという人の場合は手書き入力という方法もあります。手書き入力は最近のタブレットＰＣの普及にも相まって，いろいろな方法が出てきていますし，後から文字を認識させるという方法もあるのでまずはたくさん入力してから清書するということもできるようになってきました。

▶ ワープロ専用機という選択も

　以前は文章を書く専用の機械がありましたが，今はほとんど見かけません。パソコンが代替してしまいました。しかし，パソコンは多機能であるために操作が複雑になること，余計な操作をするのではないかと心配されることで，教室の中にパソコンを導入することがためらわれる場合があります。しかし，ポメラという文字だけを入力することに特化した機械があります。電源を入れれば，すぐに起動しますし，インターネットにもつながらないので，学校

にも導入しやすいです。パソコンは難しいけどワープロ専用機なら OK ということも考えられます。

海外の LD のある人のための専用のワープロ

▶ すべてをパソコンでとは考えない

　ワープロを使うことで，文字を書く負担が軽減されれば，子どもの可能性は広がります。ぜひいろいろなことに使えるようにした方がいいでしょう。しかし，時と場合によっては，パソコンでなくてもいい場合も出てきます。数文字程度の文字を書く場合。紙でないものに書こうとする場合など，そういうシーンは考えられます。そんなときは別の道具を使うことも柔軟に考えていいでしょう。その場合に，大切にしたいのは「本人がどうしたいか」の確認を行って使うことです。多くは，そういった確認をせずにこの場面ではこれが必要だからと押しつけてしまっています。自分で決めたことなら頑張れますし，それがうまくいかない場合には，見直しができるようになります。

(金森克浩)

9 思考の整理ができる「マッピングソフト」

▶ 人間の頭の中はごちゃごちゃ

　自閉症のある人への支援で活動されている株式会社おめめどうのアドバイザー・大西俊介さんが自閉症のある人が自分の考えを出すときに「金魚鉢の中の金魚をすくうようだ」というお話をしていました。それは，自閉症のある人は自分の考えを整理できずにその場で思いついたことを言葉に出してしまい，トラブルになることが多いのですが，考えていることをすべて出し切ってはじめて，自分が言いたいことが出てくることがあるからだと話しています。

　私たちも，やることが多くなってしまい，情報を整理できずに困ってしまうことも多いでしょう。そういったときには，いったん自分の頭の中のものを外に出して「視覚化」し整理することで大切なものがどれか優先順位を決

めることができます。自分の頭の中のものを外部化して再整理するのにマッピングソフトはとても優れています。

▶ 思考を整理するためのマッピングソフト

　多くのマッピングソフトは中心になるテーマを真ん中に書いて，それから関係する内容を放射線状に木の枝を張り出すように書いていきます。平面上に書くので，あとから簡単に付け足すことができますし，張り出す項目それぞれの優先順位は最初から決めなくていいので，気軽に書くことができます。もともとは手書きで書くものだったらしいですが，パソコンであれば漢字を書くのが苦手な人でもすぐに書き始められるので，簡単です。私の知り合いのお子さんは，学校の板書を写真に撮ってそれをもとに Microsoft の OneNote にキーワードだけを書いて並べ授業の内容を整理しているそうで

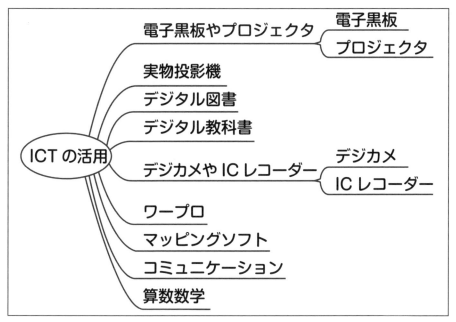

思考を整理するマッピング

す。授業ではノートの記録をとるのが間に合わないのですが，デジカメで写真に撮っておけば後で見返すことができます。しかし，見返しただけでは頭に入ってきませんから，こうしてノートにまとめる作業をする中で内容の理解を助けることができます。

▶ 作文の下書きとして

　書くことに困難があったり，思考を整理することが苦手な子どもにとって作文の学習はなかなか大変です。そんなときに，まず題材となる項目をキーワードだけマッピングソフトの中に並べていき，思考を整理していきながら，題材をまとめていってはどうでしょうか。実はこの方法は，古くから知られている「KJ法」と似たような方法です。前述のように頭の中というのはいろいろな要素がごちゃごちゃになっていて，整理ができない状態です。それらの交通整理をして，その順番をまとめるにはそれぞれの要素の関係性を線でつなげているのでより分かりやすくなります。また，文章を頭から書こうとすると，なかなか書き始められませんが，マッピングソフトはどこから書き始めてもいいですし，後から簡単に付け加えられるので自由な発想でつくれるというのが魅力です。完成形がないのは子どもによっては不安を感じると思いますので，中心のイメージと周りに数個でも文字があればそれでも出来上がりだと説明するようにしましょう。

▶ 場合によっては絵だけでも

　文字を書くことも難しい場合は絵だけでもいいかもしれません。多くのマッピングソフトは画像も貼り付けられるようになっています。頭の中のイメージを絵にすることで全体のイメージを理解する助けになります。後述するドロップトークというのにはドロップレットシンボルという絵が使われています。これを呼び出して貼り付けるというのも1つの方法です。

▶ 代筆ソフト

　正確にはマッピングソフトではありませんが，文章を書くことが苦手な人のために質問に答えれば簡単な文章をつくってくれるソフトがあります。つくりたい文章を選び，質問に答えれば文章を完成してくれるソフトです。そんな安易なという人もいるかもしれません。しかし，まったく書けないで立ち往生するよりも，文章を書くきっかけをつくり，文章の構造を理解することで次第に自分の考えが書けるとすれば，これも支援技術といえるのではないかと考えます。

「簡単に読書感想文」（kenichi kato）　　　　　　　　（金森克浩）

10 コミュニケーションを支援する「アプリ」

▶ ICT でコミュニケーションを支援する

通常の学級で学ぶ子どもたちの課題の多くは学習への参加となります。ですが，学習を支える力としてのコミュニケーション支援は重要なポイントだと考えます。これについては，第3章で坂井さんが「コミュニケーションの困難さを支援しよう」と題して詳しく解説しているので，この項目ではICTを活用したコミュニケーション支援の方法について紹介します。

▶ 文字によるコミュニケーション

文字を使ったコミュニケーションとしては筆談などが考えられますが，字を書くことが苦手な場合には，余計に自分の意思を十分に伝えられなくなり

ます。そこで，スマホやタブレットなどのメモ機能が役に立ちます。それらの機器に文字を打ち込んで相手に入力の画面を見せれば，専用の意思伝達の機器を使わなくても自分の思いを理解してもらうきっかけになります。

　また，最近のスマホやタブレットは標準で入力した文字を電子音声で読み上げてくれる機能が付いているので，打ち込んだ文字を読み上げさせて伝えることもできます。

▶ シンボルによるコミュニケーション

　音声の言語や文字による意思伝達に困難がある人に対しては専用の携帯型会話補助装置（通称 VOCA（ヴォカ，Voice Output Communication

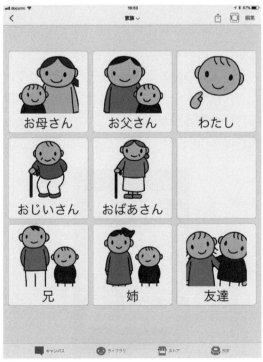

「DropTalk」(HMDT Co., Ltd.)

Aid))という機器を使って視覚シンボルを使って意思を伝えるものがあります。最近では，スマホやタブレットのアプリの中で，そういったVOCAの機能のあるものが多数出回っています。有名なものとしては文部科学省が学習上の支援機器等教材研究開発支援事業として企業に委託してつくられたドロップトークというアプリがあります。このアプリは画面上に視覚シンボルであるドロップレットシンボルという，絵を配置して自分の意思を伝えることができます。Windows，Android，iOSとさまざまなOSに対応しているので使う機械を選びません。ユーザーも多いので，相談しやすいというのもメリットの1つです。

▶ 超近接遠隔コミュニケーション

　コミュニケーションの基本は目の前にいる人との対話でしょう。しかし，実は担当する子どもは，目の前の人とのやり取りが苦手かもしれません。以前は，聴覚障害のある人の為のコミュニケーションとしてメールなどがよく使われていましたが，自閉症のある人も目の前の人との言葉での会話は難しくてもメールなら自分の気持ちが伝えられるのかもしれません。スマホなどにあるチャット機能はそういったニーズに合っています。お互いに何を話し

チャットのアプリ

ているかが吹き出しの形で表示されるので,「話者が誰であるか」ということが分かりやすいです。最近の SNS なども同じような機能になっています。教育用につくられた閉じた SNS などもありますので,ネットのトラブルに巻き込まれずに円滑なコミュニケーション方法として利用できます。

▶ 形がないものを形にするアプリ

　坂井さんが書かれているように,時間の長さや感情の表現や音の大きさの表現というのは形になりません。一般に自閉症のある子どもの中で見えないものを捉えることが苦手な子どももいます。しかし,そういう形にないものを視覚化するのが得意なのが ICT です。下の図に示すのはそういった「時間の長さ」「音の大きさ」といったものを視覚化して理解させるソフトウエアです。こういったものを使うことで,見えないものを見える形にして理解を深めることも子どもたちのコミュニケーション支援になります。

時間を視覚化するアプリ
「DropTalk」(HMDT Co., Ltd.)

音の大きさを視覚化するアプリ
「ボイスルーラー」
(GODAI EMBODY Co.,Ltd.)

(金森克浩)

第 4 章　どの子にもやさしい教室の中の ICT 活用　157

11 算数・数学の困難を支える「電卓」「ソフト」

▶ 算数・数学の学習に ICT を使う

　学習につまずきがある子どもの中で，計算などが苦手な子どももいます。最近は電卓を使う学習も一部導入されていますが，すべての場面で使っていいということになっていません。しかし，立式はできるのに計算が極端に遅い場合，電卓などの ICT 機器を活用するということを考えてもいいのではと思います。

▶ 電卓を導入するには

　東京大学先端科学技術研究センターの中邑賢龍さんは学校で電卓がなかなか導入しにくい場合に，こんなテストをしてはどうかと言っています。それは，クラス全員に手書きでの計算の問題と電卓を使った計算の問題を行って，電卓では他の子どもと差がなく答えが出せているのに，手書きの計算が極端に成績が悪い場合，計算をすることに大きな困難が考えられるのだろうと言っています。その上で，そういった困難のある子どもは，学習に参加するために電卓を導入してはどうかと言うのです。書いて計算することが大切だとしても，本人がとても負担に感じるとすれば学習への参加意欲が下がります。大切なことは主体的に学ぶことではないでしょうか。

　そんなことをいったって大学入試センター試験で電卓の使用が認められていないではないか，ということがいわれています。実際にセンター試験で間違えて電卓を持ち込んだことで，不正使用だとされた高校生がいました。しかし，国際バカロレア試験では数学や物理の試験において電卓の使用が認め

られています。大切なのは，今の学習に参加できること。「平林ルミのテクノロジーノート」では算数から計算を分離することによって，算数嫌いになる前に電卓を上手に使って学習に参加できることを推奨しています。

▶ 数式入力ソフトの利用

計算ができる子どもでも，図形の捉えが悪くて，分数や小数，縦書きの計算などを間違えてしまう子どもがいます。丁寧に書きなさいと言ってもなんの答えにもなりません。そういった場合には，マスのノートや大きなノートを使うというのも方法ですが，数式を記述できるソフトが複数出ています。

数式入力ソフトの図「ModMath」(Mod Math I.P., LLC)

こういったソフトを使えば、きれいな表示になりますので、子どもも意欲的になります。また、タブレットのアプリの場合は画面を簡単に拡大できるので入力もしやすくなっています。場合によってはクラス全員で使うようにして、紙でやる方がいいか、パソコンかを後から選ばせるというのもいいでしょう。実は、発達障害とはいえない境界領域の子どもでも紙に書くよりはパソコンの方が学びやすいのだと発見することになるかもしれません。

▶ 作図ソフト

　数式入力ソフトと同様に、図形やグラフの認知が弱く、正確な図を描いたり、グラフなどを上手に描くことが難しい子どももいます。数字や数式を入れることで、図形やグラフを表示してくれるソフトがあります。そういったソフトを使えば、きれいな図として描くことができます。概念を理解するために図を描くのですから、課題として設定されたものの数値を入れたり、図を調整しても描けるのであれば数学的な思考として理解できているといえるのではないでしょうか。

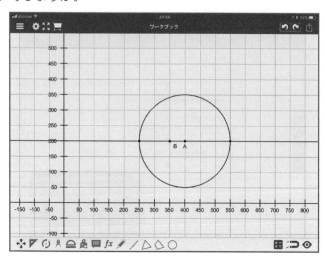

作図ソフト「Geometry Pad」（Bytes Arithmetic LLC）

▶ 計算学習ソフトを使ってみる

　計算の式を電卓で代替してもいいですが，計算式などをどう立式するか，という場合に，数字に慣れ親しんでいることはその後の学習に大きく影響します。また，ただ単に書くことが苦手な子どももいますので，算数の学習ソフトを利用して数字に慣れるというのも子どもの意欲を高めるには良い方法です。

　インターネット上に無料で利用できる計算ソフトもありますし，タブレットPC用に用意されたソフトならば，手軽に学習に使えます。「ゲームで遊んでいるみたいで」と懸念される人もいるかもしれません。しかし，エデュテインメントといって，エデュケーション（教育）とエンターテインメント（娯楽）を合わせた教育方法というものも検討されているのです。人間は本来，楽しいことにエネルギーを注ぎ，そこから学んでいきます。子どもの今の力の少し上の課題を用意できるのなら，それに向かってがんばれます。自ら学ぼうとするのであればそれは有効な教材だと考えます。

（金森克浩）

おわりに

　発達障害のある子どもの学習を支援する，基礎的な資料をつくりたいと考え，特別支援教育の仕事で一番お世話になっている梅田真理さんと坂井聡さんに無理をお願いして，この本をつくりました。また制作過程で，梅田さんからは富永大悟さんのご紹介もいただきました。

　その中で大切にしたかったのは，あまり専門的な機器の話ではなく，子どもを捉えるための考え方と，教材やICTに対して，どのように接すればよいか，ということでした。また，内容をよく理解するために特別支援教育に詳しく絵が上手な関口あさかさんにイラストを依頼しました。

　本書をきっかけに子どもとの良い関係がうまれ楽しい授業が展開されることを願っています。

　最後になりますが，本書をつくるにあたって，辛抱強く編集をしてくださった明治図書の佐藤智恵さんには心より感謝申し上げます。

著者を代表して　金森克浩

【著者紹介】

金森　克浩（かなもり　かつひろ）
日本福祉大学　スポーツ科学部教授

梅田　真理（うめだ　まり）
宮城学院女子大学　教育学部教授

坂井　聡（さかい　さとし）
香川大学　教育学部教授

富永　大悟（とみなが　だいご）
山梨学院大学　経営学部講師

〔本文イラスト〕関口　あさか

特別支援教育サポートBOOKS
発達障害のある子の学びを深める
教材・教具・ICTの教室活用アイデア

2019年12月初版第1刷刊 ©著　者	金　森　克　浩
2020年 8月初版第2刷刊	梅　田　真　理
	坂　井　　　聡
	富　永　大　悟
発行者	藤　原　光　政
発行所	明治図書出版株式会社

http://www.meijitosho.co.jp
（企画）佐藤智恵（校正）武藤亜子
〒114-0023　東京都北区滝野川7-46-1
振替00160-5-151318　電話03(5907)6703
ご注文窓口　電話03(5907)6668

＊検印省略　　組版所　中　央　美　版

本書の無断コピーは，著作権・出版権にふれます。ご注意ください。

Printed in Japan　　　　ISBN978-4-18-297016-0
もれなくクーポンがもらえる！読者アンケートはこちらから　→

特別支援学校 新学習指導要領の展開

平成29年版　小学部・中学部

宮﨑英憲 監修　横倉久 編著

大改訂された学習指導要領本文の徹底解説と豊富な事例

改訂に携わった著者等による新学習指導要領の各項目に対応した厚く、深い解説と、新学習指導要領の趣旨に沿った豊富な事例を収録。圧倒的なボリュームで、校内研修から研究授業まで、この1冊で完全サポート。特別支援学校小・中学部学習指導要領本文を巻末に抜粋収録。

A5判　280頁　2,660円+税　図書番号：3339

学習指導要領改訂のポイント

平成31年版　高等部・高等学校特別支援教育

宮﨑英憲 監修　横倉久 編著

大改訂の学習指導要領を徹底解説！

大改訂の平成31年版高等部学習指導要領。カリキュラム・マネジメント、教科・領域別指導と各教科等を合わせた指導、自立活動の改善と評価など押さえたいポイントを徹底解説。通常の高校の通級指導教室指導など先進事例も紹介。巻末には指導要領を抜粋掲載。

B5判　200頁　2,660円+税　図書番号：3309

明治図書　携帯・スマートフォンからは **明治図書 ONLINE へ**　書籍の検索、注文ができます。

http://www.meijitosho.co.jp
*併記4桁の図書番号（英数字）でHP、携帯での検索・注文が簡単に行えます。

〒114-0023　東京都北区滝野川7-46-1　ご注文窓口　TEL 03-5907-6668　FAX 050-3156-2790

特別支援教育サポートBOOKS

マンガで学ぶ特別支援教育
子どものココロと行動の読み解きガイド

高畑　芳美・高畑　英樹 著

**子どもへの関わりで大切な
特別支援教育マインドが学べる1冊**

苦手さのある子と関わることになった先生のための特別支援教育・入門書。〇×問題やマンガエピソードでわかりやすく学べます。特別支援教育の研修会資料づくりにも最適！基礎知識に加え、乳幼児期〜学齢期の子どもの様子、保護者対応、校内連携まで押さえています。

3327・A5判136頁・1800円+税

特別支援教育サポートBOOKS

通級指導教室

発達障害のある子への「自立活動」指導アイデア110

喜多　好一 編著

発達障害のある子への自立活動の指導アイデアを110紹介！事例は新学習指導要領「自立活動編」の区分や項目に沿って整理し、ねらい、流れ、ポイントを示しました。明日からの指導だけでなく個別の指導計画作成にも役立ちます。特別支援学級・通級指導教室担当必携書。

- - - もくじより - - -
1. 触る・聞く・見る／2. 身だしなみチェック／3. 学習の準備・片付け、整理しよう／4. どこに何を置けばよいのかな？／5. 見た目は何割？第一印象／6. 自分とりせつ・お願いカード／7. 自分研究所／8. 作戦を立てよう／9. 太鼓に合わせて動こう／10. バランスボールで体幹づくり／11. ドーンじゃんけん／12. ゴム紐バンブーダンス　ほか

3323・B5判128頁・2200円+税

明治図書　携帯・スマートフォンからは　**明治図書 ONLINE**　書籍の検索、注文ができます。　▶▶▶　

http://www.meijitosho.co.jp　＊併記4桁の図書番号（英数字）でHP、携帯での検索・注文が簡単に行えます。

〒114-0023　東京都北区滝野川7-46-1　ご注文窓口　TEL 03-5907-6668　FAX 050-3156-2790

タブレットPCを教室で使ってみよう！

〔実践〕特別支援教育とAT
アシスティブテクノロジー

金森克浩　編集代表
（第3集のみ梅田真理　共編）

第7集 ICT活用で知的障害のある子の理解とコミュニケーションを支えよう

2116・B5判・1760円+税

動画や音声を出すことができるコンピュータは、知的障害のある子どもの理解を助けます。シンボルの選択でコミュニケーションをはかることもできます。そんなＩＣＴ機器活用について特集しました。障害の重い子どもたちの世界を変える！最新機器もミニ特集しています。

第6集 AAC再入門～障害の重い子どもへのコミュニケーション支援～
1296・B5判・1760円+税

第5集 ＜視覚支援＞で子どもにわかる伝え方
1286・B5判・1660円+税

第4集 合理的配慮を支えるための支援技術
1276・B5判・1700円+税

第3集 学習のユニバーサルデザインにATを活用しよう
―小・中学校で使える教材と支援機器―
1176・B5判・1800円+税

第2集 携帯情報端末が特別支援教育を変える
0576・B5判・1800円+税

第1集 はじめてのAT入門～VOCAとシンボル*使い方のコツ～
0376・B5判・1860円+税

明治図書　携帯・スマートフォンからは　明治図書 ONLINE へ　書籍の検索、注文ができます。▶▶▶
http://www.meijitosho.co.jp　＊併記4桁の図書番号（英数字）でHP、携帯での検索・注文が簡単に行えます。
〒114-0023　東京都北区滝野川7-46-1　ご注文窓口　TEL 03-5907-6668　FAX 050-3156-2790